Peter Arnold
Entre racines et ailes

Mémoires d'une famille paysanne

En mémoire de mes parents

Pour Line, Sébastien, Nirine, Spenta et Albert

© 2019, Peter Arnold
Couverture, mise en pages, illustration, photo de l'auteur :
Nirine Arnold
Édition : BoD - Books on Demand
12/14 rond-point des Champs-Élysées, 75008 Paris
Impression : BoD - Books on Demand, Norderstedt, Allemagne

ISBN : 978-2-3220-9279-6

Dépôt légal : avril 2019

Table des matières

Chapitre 1   1
Se souvenir d'autrefois

Chapitre 2   15
Jusqu'à ce que la mort les sépare

Chapitre 3   25
L'univers des grands-parents

Chapitre 4   43
Vers une vie commune

Chapitre 5   65
Famille paysanne – famille ouvrière

Chapitre 6   89
Ensemble dans la vieille ferme

Chapitre 7   119
Éveil à de nouvelles réalités

Chapitre 8   147
Une décennie de lumière et d'ombres

Chapitre 9   171
La famille doit se réinventer

Chapitre 10   195
Quand je ne serai plus

Chapitre 11   205
Méditations d'un pendulaire

Grand-papa et petit-fils

Né en 1945, Peter Arnold a fait des études de philosophie, sociologie et anthropologie à Paris, Genève et Fribourg-en-Brisgau, terminées par un doctorat en sociologie. Il a passé une grande partie de sa vie professionnelle au service de la Coopération au Développement du Gouvernement Suisse, entre autres à Madagascar, au Bangladesh et en Tanzanie. Marié, père de deux enfants et grand-père d'un petit-fils, il est aujourd'hui retraité et vit à Gland (VD).

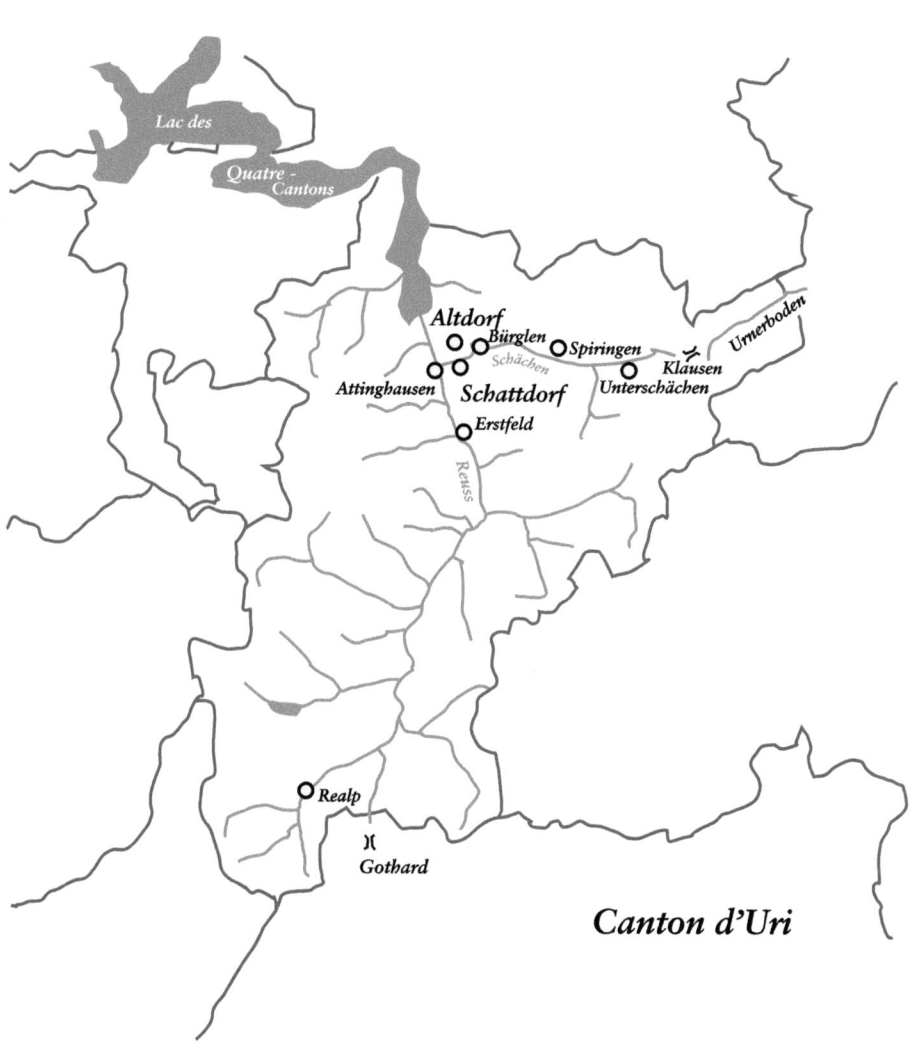

1

Se souvenir d'autrefois

> *On ne peut donner que deux choses à ses enfants :*
> *des racines et des ailes.*
>
> Sagesse populaire

Quand je pense à mon enfance, la première image qui remonte en moi est celle de la vieille ferme à Schattdorf, le village du bas du canton d'Uri où je suis né un jour d'octobre 1945. Encore aujourd'hui, elle suscite en moi de fortes émotions. C'est dans cette maison que j'ai passé les douze premières années de ma vie, jusqu'au printemps de 1958, date à laquelle j'ai quitté mes pénates pour aller poursuivre des études secondaires dans un internat de la vallée du Rhin saint-galloise. Depuis, mon parcours de vie m'a conduit dans bien des endroits du monde, chaque fois pour quelques années seulement. Uri n'en fit plus jamais partie. Sentimentalement cependant, je suis toujours resté attaché au coin de terre où j'ai passé mon enfance avec mes parents et mes frères et sœurs. Même après mon mariage j'ai continué à dire « je rentre à la maison » quand je m'apprêtais à aller à Schattdorf. Il a fallu les remarques répétées, mi- moqueuses, mi- ironiques, de mon épouse et de mes enfants pour que je comprenne ce que signifiait cette tournure de phrase.

J'ai grandi avec quatre frères et sœurs plus âgés que moi et six plus jeunes. À l'époque, dans cette Suisse centrale

profondément catholique, la tradition voulait qu'on souhaite aux jeunes mariés une descendance nombreuse. Avoir beaucoup d'enfants était interprété comme un cadeau du ciel. Mais en avoir onze était quand-même exceptionnel.
    Nous sommes tous nés dans la vieille ferme familiale.

Il s'agissait d'une bâtisse comme il en existe encore beaucoup dans la région, une maison mitoyenne avec une étable dont elle partageait le toit. En allemand ce type de construction s'appelle « Gadenhaus ». Ma maison natale faisait en effet partie d'une petite ferme de trois hectares que mon père avec héritée de son père. Mais je n'ai jamais connu mon père autrement que comme simple ouvrier du bâtiment. Il avait mis ses terres en location. Aussi loin que je m'en souvienne, c'est son plus jeune frère qui s'en occupait. Oncle Xaver était resté célibataire. Comme il était seul et travaillait pratiquement sans machines, il comptait fermement sur notre aide, particulièrement pendant la fenaison et la saison des regains. En ce qui me concerne, ce n'était pas pour me déplaire, bien au contraire. Si je n'avais pas, au plus profond de moi, nourri un autre rêve, je crois que j'aurais choisi de devenir paysan. Oncle Xaver s'est finalement, lui aussi, décidé autrement. À la surprise générale, il est entré en 1965, à cinquante ans passés, au couvent bénédictin d'Einsiedeln où il est décédé en 2005 comme Frère Josef.
    À l'heure où j'écris, la vieille ferme n'existe plus. Elle a été démolie vers la fin des années soixante-dix, à un moment où elle n'appartenait déjà plus à notre famille. Je me suis souvent demandé : quand l'avais-je vue pour la dernière fois ? Je serais incapable de le dire. Dans mes souvenirs, par contre, elle n'a pas disparu, je la vois encore clairement devant moi comme s'il ne s'était pas écoulé plus d'un demi-siècle depuis la dernière fois que j'y suis entré.

Façade orientale de la vieille ferme

Le bâtiment était situé à une douzaine de mètres en contrebas de l'auberge du « Brückli » dont notre ferme avait autrefois été une annexe. La construction datait probablement du début du siècle et était orientée est-ouest. La partie résidentielle faisait face au soleil levant. Entre l'auberge et la maison s'étendait une petite place enherbée où clapotait une fontaine. La maison était fabriquée en bois, mais reposait sur un mur crépi qui entourait le parterre. Celui-ci abritait une seule pièce servant de buanderie, d'atelier et d'entrepôt. La charpente des parois était habillée de petits tavillons arrondis brûlés par le soleil. En été, des géraniums fleurissaient devant les fenêtres. La surface habitable était calculée au plus juste. On y accédait au sud par un escalier en bois à ciel ouvert en haut duquel se trouvait une porte donnant sur un petit vestibule. C'est de là qu'on entrait au premier étage. Tout d'abord dans la cuisine avec la grande table, que notre père avait fabriquée, puis dans le salon d'où une autre porte s'ouvrait vers la chambre à coucher des parents. De la cuisine, un escalier raide et sombre, sans fenêtres, montait au deuxième étage qui comportait deux chambres à coucher, une pour les garçons et une pour les filles, chacune meublée de deux lits. Sous l'escalier et en haut de celui-ci, deux pièces-armoires étaient installées qui servaient de garde-manger, et en face des chambres à coucher se trouvait un galetas fourre-tout, un vrai royaume à souris, dont la fenêtre donnait sur le tas de foin au-dessus de l'écurie.

Chaque pièce de la maison était éclairée par la lumière électrique, et la cuisine était munie d'un évier surmonté d'un robinet d'eau froide. Par contre, il n'y avait pas de chauffage central. Seule la cuisine et le salon étaient équipés d'une source de chaleur. Dans la cuisine, un vieux potager en fer chauffait bien sûr en toute saison. Le salon était doté d'un petit fourneau rond et élancé. Potager et fourneau étaient alimentés par du bois. En hiver, des fleurs de givre se formaient sur les fenêtres des chambres à coucher. Il fallait faire un effort sur soi-même pour se lever le matin. Les toilettes se trouvaient en haut de l'escalier d'accès, derrière le vestibule. Il s'agissait d'un petit cabinet où on faisait ses affaires assis sur un caisson en bois muni d'une simple ouverture au-dessus de la fosse septique. Un couvercle de fortune faisait son possible pour empêcher les effluves de se répandre. Chasse d'eau, salle de bain, baignoire ou douche étaient encore des équipements de luxe que peu de maisons possédaient.

En ces temps-là, la plupart des familles étaient logées ainsi. Elles occupaient encore des habitations beaucoup moins spacieuses que celles que nous connaissons de nos jours, malgré le fait qu'elles étaient sensiblement plus nombreuses. Il va sans dire que l'ambiance était souvent très animée dans notre maison. Impossible en tout cas de s'éviter ou de s'ignorer mutuellement.

Pourtant, plus le temps passait et plus notre famille grandissait, plus les aînés commençaient à trouver la maison bourrée de défauts : trop exiguë, peu confortable, difficile à entretenir ou simplement pas assez moderne. Pour cette raison, nos parents prirent au début des années soixante la décision courageuse d'en construire une nouvelle sur les terres de notre ferme, à quelques encablures de l'ancienne. Pour maintenir le coût du logement à un niveau acceptable, ils optèrent pour une construction à deux appartements. Les murs de fondation et le plancher du premier étage étaient en béton, les autres parois fabriquées en bois, avec une poutraison agencée en colombages. Les façades étaient couvertes de plaquettes en fibrociment. Le parterre comprenait un garage, une chaufferie, une buanderie, une cave et un atelier de travail. Pour accéder aux appartements, on empruntait un escalier étroit, avec des marches en *bois qui craquaient sous les pas. Le premier étage était loué et le deuxième réservé à la famille, famille qui disposait en outre d'un étage supplémentaire aménagé dans les combles. Chaque appartement comprenait une cuisine, une salle de bain, un salon, trois chambres et deux balcons. Dans les combles se trouvaient quatre chambres additionnelles et des toilettes.*

La nouvelle maison rénovée (2017)

Le déménagement eut lieu fin 1962. Pour notre famille, il entraînait des changements importants. Au lieu de trois chambres à coucher, nous en disposions désormais de sept, plus une mansarde sous un pan des combles que je m'étais appropriée. Chaque enfant dormait maintenant dans son propre lit. Parfois, quand les frères et sœurs étaient absents, l'un ou l'autre avait même une chambre pour lui tout seul. La maison offrait par ailleurs tous les éléments de confort usuels de l'époque : chauffage central à mazout, eau chaude, machine à laver, salle de bain avec baignoire et douche, WC avec chasse d'eau, cuisinière électrique et frigo. Tout ceci rendit la vie plus facile à notre mère. Grâce au chauffage central, plus personne ne devait se glisser en frissonnant sous les couvertures d'un lit froid, et avec la cuisinière électrique en plus, la corvée de bois était devenue obsolète. Un appareil de téléphone, accroché à la paroi du hall d'entrée, facilitait les contacts avec le monde extérieur.

La construction du nouveau foyer soulignait la séparation entre logement et entreprise agricole qui, du point de vue du revenu, était déjà consommée depuis belle lurette. Financièrement parlant, elle était risquée, mais elle cadrait bien avec l'essor économique qui depuis peu avait commencé à secouer jusque dans ses fondements, telle une tempête de foehn encore jamais vue, un Uri resté profondément paysan, et d'annoncer l'avènement d'une ère complètement nouvelle. Prévoyants, mes parents s'étaient montrés ouverts à ces changements, les avaient même anticipés. Cette attitude devait, à nous les jeunes, faciliter grandement le choix de la voie à suivre. Il nous permettait de nous envoler sur les ailes de la conjoncture vers des destinées totalement différentes du mode de vie traditionnel de nos ancêtres, tous sans exception paysans.

La vente des terres de la ferme en 1970 rendit définitive la rupture avec l'ancien temps. Elle s'exprime notamment par le fait que depuis, dans notre famille, plus aucune personne, ni de ma génération ni de celle de nos enfants ou petits-enfants, n'a opté pour un métier agricole. De ce point de vue, notre famille s'est totalement détournée de l'occupation qui avait été pendant des siècles pratiquement l'unique source de subsistance de nos aïeux. En outre, parmi mes frères et sœurs, seule l'aînée est restée vivre à Uri. Tous les autres se sont établis ailleurs en Suisse. Quant à moi, j'ai passé une bonne partie de ma vie sur différents continents et parmi des populations appartenant à des cultures et parlant des langues étrangères.

Pour moi, la nouvelle maison exprime également, mieux que tout, une coupure marquante dans la trajectoire de ma famille d'origine. Quand je pense à son développement et à sa dynamique internes, je crois distinguer des différences très *nettes entre les temps d'avant et d'après. Toutefois, pour notre fratrie, elle aussi appartient désormais à l'histoire. Parce que notre mère y jouissait d'un droit de logement jusqu'à la fin de sa vie, nous avions décidé en 1971, après la mort prématurée de notre père, de l'administrer en hoirie. Après son décès en 2008, la raison de continuer ainsi ayant disparu, nous décidâmes de la dissoudre et de vendre la maison.*

Pour moi, l'histoire de ces deux maisons est symptomatique, non seulement des changements que ma famille biologique a traversés au cours de son existence, mais elle caractérise aussi l'évolution de la société dans laquelle nous vivons. Présentement, il n'y a pratiquement plus rien qui serait resté inchangé à Uri depuis l'époque de mon enfance. Les possibilités de formation, le monde du travail, l'influence de l'Église catholique, la mobilité des gens, la conception des loisirs, les modes de communication, la mentalité et les normes sociales, tout est différent. Tant de choses semblent en mutation, si peu persistent comme avant. Même des témoins matériels qui ont traversé des siècles sont en train de disparaître irrémédiablement. À chacune de mes visites, Uri, le pays de ma jeunesse, m'apparaît un tantinet plus étranger. J'éprouve de la peine à reconnaître dans le Schattdorf aux allures urbaines, avec ses immeubles, quartiers de villas et zones industrielles, le village paysan dans lequel j'ai grandi.

Même de notre ferme toute trace a disparu. Elle a été remplacée par un quartier résidentiel. Si je ne l'avais pas vu de mes propres yeux, je ne pourrais imaginer qu'autrefois y paissaient les vaches de mon oncle et fleurissaient à chaque printemps des douzaines de pommiers, poiriers et cerisiers.

L'auberge du « Brückli » est toujours là, mais comme elle a été rénovée de fond en comble en 1976, peu de choses subsistent de l'ancienne bâtisse. Elle a gardé son nom, mais le minuscule « pont » à côté duquel elle avait été construite et dont elle avait reçu le nom n'existe plus depuis longtemps. Il s'agissait en fait d'un simple dallage en bois, d'à peine deux mètres de large. Sous lui, coulait autrefois un petit cours d'eau appelé « Gangbach ». Sur le pont passait la route du Gothard, un mètre et demi au-dessus du lit du ruisseau, raison pour laquelle la route était obligée de former une légère bosse. Quand le col du Gothard était ouvert, le trafic était intense. Parfois il était si dense que les véhicules n'avançaient qu'au pas. Pendant les sept mois de l'année où il était fermé par contre, la circulation ressemblait à un filet d'eau. En hiver, il était même de coutume d'y réserver une voie aux enfants pour faire de la luge.

Le petit pont lors d'une dernière crue. A droite l'auberge du «Brückli», au fond la vieille ferme (1973).

Rénovation du „Brückli" (1976). Le petit pont a disparu, la route du Gothard est élargie. À gauche notre ferme.

La plupart du temps, le « Gangbach » n'était qu'un ruisselet paisible. Cependant, après de longues pluies ou des orages violents, ce qui arrivait souvent en été, il pouvait gonfler dangereusement et se transformer en torrent. Raison pour laquelle il était bordé de solides digues qui nous servaient de terrain de jeu. Lors d'intempéries, le petit pont devait être enlevé pour empêcher les éboulis amenés par le torrent de boucher le passage et prévenir les eaux de dévaster les alentours. Aussi longtemps que le danger persistait, la circulation était détournée sur une autre route. Pour nous les enfants commençaient alors quelques jours excitants pendant lesquels le bruit ininterrompu des moteurs en provenance de la route cessait totalement ; il régnait un silence inhabituel. S'il n'avait pas plu de manière continue, nous aurions pu jouer sur la fameuse route du Gothard sur laquelle transitait l'Europe entière. On comprend aisément que cette situation ne plaisait guère aux associations routières et aux autorités qui voyaient de plus en plus le petit pont comme un obstacle au développement du trafic. Au début des années soixante-dix, on décida donc de déplacer le cours du « Gangbach ». Depuis 1974, il emprunte un nouveau lit loin de l'auberge. Du coup, le pont ne servait plus à rien. On fit disparaître la bosse et élargir la route en l'abaissant de deux mètres. Cependant, dans l'intervalle, le bruit du trafic du Gothard s'est également déplacé. Depuis l'ouverture du tunnel routier du Gothard, voitures, camions et motos empruntent, été comme hiver, l'autoroute qui longe la Reuss au milieu de la plaine. Evidemment, la circulation s'est entretemps accrue considérablement. Chaque année, des millions de véhicules roulent maintenant vers le sud et le nord. L'ancienne route du Gothard est réservée au trafic local qui, lui aussi, a augmenté sensiblement.

Mais il n'y a pas que les traces visibles de l'entourage où se passait autrefois notre vie de famille qui sont en train de disparaître. Ma mémoire aussi donne des signes de fatigue. Je dois reconnaître que le vieillissement est un voleur impénitent. Mais alors que ma vie antérieure s'éloigne inexorablement, d'innombrables questions commencent à me tarauder, notamment sur comment mes frères et sœurs et moi-même avons, chacun à sa manière, vécu notre famille au fil des années. Je sens aussi émerger en moi une envie pressante de raviver la mémoire de mes parents. En même temps, je reconnais que je ne sais que peu de choses sur leurs origines et l'univers idéologique dans lequel ils ont grandi, si différent du monde actuel, mais encore très influent dans mon enfance. Par conséquent, je me représente aisément la difficulté que doit avoir la génération de mes enfants à se faire une idée des conditions de vie qui régnaient au temps de ma jeunesse, d'imaginer par exemple comment on peut grandir avec une fratrie aussi nombreuse et dans un contexte où les conduites étaient encore gouvernées par la tradition.

Voilà pourquoi j'ai décidé d'essayer de lutter contre l'oubli en redonnant corps aux souvenirs que je peux encore ressusciter, afin de les préserver de l'érosion qui les guette et de les conserver vivants pour ceux qui viendront après moi, de me remémorer les racines familiales, émotionnelles et idéologiques que mes parents nous ont transmis parce qu'ils voulaient qu'on devienne « des gens bien ». De me souvenir de ce qu'ils m'ont offert afin que je puisse voler de mes propres ailes. De me demander quel rapport j'ai entretenu avec ces racines au cours de mon existence, et jusqu'où les ailes m'ont porté.

La famille dont je raconte l'histoire, pour unique qu'elle soit, était une famille très ordinaire, du moins presque. Des centaines et des milliers de semblables existaient alors en Suisse centrale. Ce qui explique qu'elle a toujours mené une existence discrète, à l'abri de la grande histoire dont elle reflète pourtant les péripéties. Elle a été façonnée par elle comme elle a contribué, à sa mesure, à la façonner. Cet aspect me fascine au point que j'en ai fait le fil rouge de mon récit en veillant à mettre constamment en parallèle la trajectoire de la famille et l'évolution de son environnement économique et social. Mon histoire n'a donc rien d'une fiction, même si occasionnellement elle fait appel à un brin de fantaisie pour donner couleur à tel ou tel détail. Toutefois elle est clairement subjective parce qu'elle est d'abord un voyage vers moi-même. C'est moi qui orchestre la trame de la narration, c'est moi qui guide le lecteur et la lectrice à travers le dédale de la souvenance.

Je me hâte cependant d'ajouter qu'il ne s'agit pas uni-

quement de mes propres réminiscences. Je n'aurais pas pu écrire ce livre en me fiant exclusivement à elles. Pour une part, le récit dépasse souvent mon histoire personnelle. En plus, j'ai quitté mon foyer familial assez jeune, donc je n'ai pas pu assister à tous les événements que je relate. Mais j'ai eu la chance de grandir avec de nombreux frères et sœurs et une vaste parenté dont je n'ai pas hésité à solliciter la mémoire pour compléter et corriger la mienne. Il m'a aussi été nécessaire de consulter des archives dans l'espoir d'y trouver une réponse à telle ou telle question qui me tarabustait. Finalement, je me suis plongé avec délectation dans la collection de photos laissée par ma mère. C'est à toutes ces sources que je puise, tâchant d'en restituer ce qui me paraît être la « substantifique moelle », avec un regard empreint de tendresse, mais sans nostalgie excessive.

2
Jusqu'à ce que la mort les sépare

Pourrait-on imaginer moment plus solennel pour commencer une biographie de famille que son acte fondateur ? Car si, à première vue, le 13 mai 1937 était un jour semblable à tous les autres, jeudi avant la Pentecôte, pour mes parents et leur descendance, il restera à jamais marqué d'une pierre blanche.

C'est en effet ce jeudi que Dominik Arnold et Marie Imhof, mes futurs parents, ont choisi pour se rendre ensemble tôt le matin, à l'église paroissiale de Schattdorf qui trône majestueusement au-dessus du village à la lisière de la forêt. Consacré en 1733, le sanctuaire impressionne par sa silhouette blanche et élancée visible loin à la ronde. Autrefois, il était un lieu de pèlerinage populaire. Construite en style baroque, l'église abrite notamment un maître-autel surmonté d'un retable remarquable, œuvre du fameux sculpteur sur bois valaisan Jodok Ritz. L'artisan y a intégré une statue en gothique flamboyant, vestige de la petite église précédente, qui représente le couronnement de la Mère de Dieu. Autrefois, les croyants lui attribuaient des pouvoirs miraculeux et vinrent en nombre prier la Vierge Marie pour qu'elle intercède en leur faveur, comme vont le faire ce 13 mai 1937 Dominik et Marie. Cependant ils ne sont pas venus en pèlerins, mais pour accomplir un rite qu'ils n'accompliront qu'une seule fois dans leur vie. Devant Dieu et la Sainte Église, ils veulent se donner leur consentement mutuel à se prendre pour mari et femme.

À vrai dire, ils n'étaient pas seuls à se marier. À leur côté, il y avait un autre couple, le frère aîné de Marie et sa fiancée. Autrefois, ce genre de mariage à plusieurs était fréquent. Il permettait d'en partager les frais. En revanche, il est tout-à-fait possible que les quatre se fussent retrouvés seuls avec le prêtre, à moins que quelques paroissiens désireux d'assister au premier office du matin aient également été présents. Mais plus personne n'est là pour me le confirmer. Les registres paroissiaux attestent en tout cas que les deux couples n'étaient pas accompagnés de témoins, ils se contenteront d'officier l'un pour l'autre. L'union était bénie par le curé. Après le « oui » de consentement, les jeunes mariés échangèrent les alliances qu'ils porteront désormais toute leur vie ; bien des années plus tard, ma mère portait également celle de son époux décédé, comme le voulait la tradition. En souvenir du mariage, le curé leur remit ensuite un document commémoratif signé de sa main, décoré d'une photo sur laquelle on reconnaît l'église du village et au fond les montagnes enneigées qui surplombent Schattdorf. Elle est encadrée par un Christ style Art Nouveau un peu kitsch qui ouvre largement ses bras, un ange tenant sur ses genoux le Saint Enfant et une représentation des noces de Marie et Josef. Au-dessous, des lettres solennelles annoncent : « En mémoire du Saint Sacrement de mariage ». Nos parents conserveront soigneusement ce document.

En ce qui concerne leur âge respectif, Marie et Dominik formaient une paire inégale. À vingt-huit ans, Dominik était en âge de se marier. Marie par contre n'avait que dix-huit ans et demi, elle n'était donc pas encore majeure. Tous les deux étaient originaires du Schächental. Selon les papiers officiels

Le document de mariage

ils étaient bourgeois du même village, Spiringen. Ils habitaient aussi dans la même commune. Toutefois, Dominik n'était venu qu'il y a peu de temps s'établir à Schattdorf pour s'occuper de la ferme que son père venait d'y acquérir. Près de celle-ci, les parents de Marie possédaient le petit domaine « Kleinried », complété par un mayen dans la commune d'Erstfeld, haut perché au-dessus de la plaine de la Reuss. C'est sur ces deux propriétés que Marie avait passé les premières années de sa vie.

J'ai de bonnes raisons de penser qu'ils s'étaient rencontrés pour la première fois deux ans auparavant, grâce à la sœur de Dominik qui l'avait suivi à Schattdorf pour s'occuper du ménage. Pendant un court laps de temps elle avait fréquenté l'autre marié, le frère de Marie, suffisamment longtemps en tout cas pour permettre à Dominik de faire la connaissance de sa très jeune et jolie sœur. Apparemment, l'attraction était partagée, du moins assez pour que la décision mûrisse lentement chez les deux jeunes gens d'unir leurs destins et de fonder une famille.

Au début de 1937, ils avaient entrepris les démarches nécessaires pour concrétiser cette alliance. Ils avaient frappé à la porte de l'office d'état civil de Schattdorf pour annoncer leur projet et le faire publier dans la feuille d'avis du canton. Évidemment, le couple avait aussi été chez le curé pour se faire instruire. Selon la tradition, celui-ci avait ensuite, trois dimanches de suite, lors de l'office principal, rendu public la promesse de mariage du haut de la chaire et prié l'assistance de lui faire connaître tout obstacle éventuel à l'union. Manifestement, personne ne l'avait rendu attentif aux liens de consanguinité lointains qui caractérisaient les fiancés, liens qui auraient pourtant, selon les normes du droit canon encore en vigueur, exigé le dépôt d'une demande de dispensation. En effet, dans l'ascendance de Dominik et de Marie figure un couple d'ancêtres communs. Pour conclure, les deux fiancés comparurent lundi 10 mai 1937 devant le représentant de la commune pour la cérémonie du mariage civil.

Pour l'État, mes parents étaient donc déjà mari et femme ce matin du 13 mai 1937. Mais pour eux, ce mariage civil était un détail négligeable. Tous les deux avaient été élevés dans la foi catholique. Seul leur importait le « je le veux » à l'église. Pour rien au monde ils n'auraient renoncé à la bénédiction divine, d'autant plus que cela aurait été vécu comme un faux-pas terrible par toute la population. Cependant, le mariage à l'église conférait aux noces un aspect sacré et intangible. Le consentement des époux devant l'autel d'unir leurs destins pour le meilleur et pour le pire et de se soutenir mutuellement quoiqu'il arrive jusqu'à la mort, était un serment à ne pas prendre à la légère. En ces temps, pour ceux qui le prononçaient il était encore inimaginable qu'autre chose que la mort puisse rompre le lien. L'Église catholique n'enseigne-t-elle pas que ce que Dieu a uni, nul homme ne le sépare ? Ce qui de nos jours n'est qu'une simple déclaration d'intention revêtait encore un caractère irrévocable. Pour les mariés d'alors, divorcer plus tard était tout bonnement impensable, et peu d'entre eux se décideront un jour à le faire quand-même.

À l'époque, le mois de mai était déjà un mois de mariage privilégié. En 1937 sa réputation de printemps des amours n'était pas surfaite. Tout au long de ce mois il régna un temps particulièrement radieux, à tel point que la récolte de foin se termina inhabituellement tôt. Seul le jour du 13 faisait exception en montrant un visage maussade. Toute la journée, des trombes d'eau tombaient du ciel. Si, comme le dit le proverbe, mariage pluvieux signifie mariage heureux, l'union de Marie et Dominik fut donc placée sous les auspices les plus favorables !

En tout cas, le mauvais temps n'altérait en rien la bonne humeur des futurs époux. Ils étaient décidés à célébrer dignement et dans les formes « le plus beau jour de leur vie » où ils allaient quitter la communauté des célibataires pour rejoindre le cercle des mariés. Pour eux, il aurait été impensable de sauter dans leur tenue de travail immédiatement après le détour à l'église, comme tant d'autres le faisaient encore. Pour marquer l'événement, les deux couples avaient loué auprès d'un garage une voiture avec chauffeur qui vint chercher Marie et son frère au « Kleinried ». Pour rejoindre la route du Gothard depuis la ferme, l'automobile devait d'abord suivre un cours d'eau, puis le traverser sur un petit pont. Pour effectuer la manœuvre, la voiture était forcée de faire un virage très large, la poussant à quitter le chemin et à empiéter sur le pré saturé d'eau. Ce qui devait arriver arriva : la voiture s'embourba. On fut obligé d'aller chercher une vache pour la tirer d'affaire.

Après la cérémonie à l'église, toute la compagnie se retrouva pour un repas de fête chez les parents Imhof. Le père avait exprès donné l'ordre de tuer un veau. Les yeux de ma mère brillaient chaque fois qu'elle nous racontait ce détail. Pour elle c'était la preuve manifeste que son père avait un faible pour elle et était un homme particulièrement généreux. Mais Josef et Marie étant les deux premiers enfants qu'il mariait, aurait-il eu un autre choix que de mettre les petits plats dans les grands ?

Pendant le repas de noces, le salon où se déroulaient les agapes était plein à craquer. Après les festivités, le couple entama sa lune de miel en allant passer trois jours à Madonna del Sasso au-dessus de Locarno, un geste de plus qui souligne à quel point il leur tenait à cœur de donner à leur mariage un côté festif. Car à l'époque, faire un voyage de noces était encore le privilège de gens fortunés. Il n'était pas seulement coûteux financièrement, Dominik avait aussi dû trouver quelqu'un pour s'occuper du bétail pendant son absence.

Un rendez-vous qu'ils n'auraient voulu manquer sous aucun prétexte était le passage au studio du photographe pour la traditionnelle photo de mariage. Joliment encadrée, celle-ci sera, bien visible, fièrement accrochée au mur de notre salon. Je l'ai toujours regardée avec émotion. Pour moi, elle est un document d'époque magnifique. Elle m'apparaît comme un livre plein de messages secrets qui ne se dévoilent que petit à petit, fruits d'une lecture attentive.

Les deux jeunes mariés y prennent visiblement une pose soigneusement étudiée. Cet homme à la physionomie svelte portant un costume noir élégant, un nœud papillon, des souliers laqués brillants, un chapeau posé en toute décontraction à hauteur du genou, une petite fleur coquette (est-elle naturelle ?) à la boutonnière, un mouchoir blanc dans la pochette de la veste, est donc mon père. Il a fière allure, fixe l'appareil

La photo de mariage

d'un regard clair (devine-t-on ses yeux bleus ?), sérieux, calme et satisfait. Est-ce qu'on lui donnerait ses vingt-huit ans ? Oui, sans doute à cause de son front dégarni et de sa chevelure blonde coiffée en arrière, déjà un peu clairsemée.

    Debout à côté de lui se tient ma mère vêtue d'une robe noire et simple que les mariées portaient alors et qui s'arrêtait juste au-dessus des chevilles. Elle servira plus tard d'habit du dimanche. Dans les cheveux de ma mère, une couronne gracile à peine visible fixe un léger voile blanc qui descend derrière son dos jusque par terre. Voile et couronne attestent que la personne qui les porte est encore vierge, ce qu'on attendait naturellement d'une mariée. Celle qui osait les porter après avoir perdu sa virginité risquait de s'exposer à d'humiliants blâmes publics. La grande gerbe de fleurs (prêtée par le photographe ?) que maman porte dans la saignée du bras droit et le petit nœud blanc dans sa main confèrent à l'image une note solennelle. Sa chevelure noire est sobrement coiffée, juste une raie décente qui la partage en deux. Ses souliers brillent également, la plus petite poussière en a été enlevée. Son visage paraît moins sérieux que celui de son mari, j'ai même l'impression d'y deviner un léger sourire. Elle semble être un peu plus petite que son conjoint. Mais j'ai de la peine à voir en elle la femme presque gamine qu'elle était encore en vérité.

Pourtant, son très jeune âge avait été un problème pour Marie. Ma mère insistera plus tard inlassablement sur ce point chaque fois qu'elle revenait sur ses épousailles. Si elle avait été seule à décider, elle aurait attendu encore un peu, mais notre père aurait fortement insisté pour qu'ils se marient. Les deux n'avaient donc pas été d'accord sur ce point. Y avait-il eu d'autres différents entre eux ? Rien en tout cas que ma mère trouvait digne d'être mentionné. Nous les enfants, par contre, avons souvent ressenti des différences entre nos parents, pas seulement d'âge, mais aussi concernant leur caractère. Par les contacts que nous entretenions avec la parenté, nous devinions que ces différences n'étaient pas seulement une affaire de personnalité. Bien que mon père et ma mère aient grandi dans des milieux paysans assez semblables et sur des fermes à peine séparées d'une vingtaine de kilomètres, le contexte dans lequel ils avaient été élevés et l'éducation qu'ils avaient reçue divergeaient sensiblement. Les rapports qu'ils entretenaient avec leur père respectif, en particulier, semblent avoir joué un rôle capital dans leur développement personnel. Alors que ma mère adorait son père, les sentiments que nourrissait mon père envers le sien étaient plus mitigés, malgré tout ce qu'il lui devait.

3

L'univers des grands-parents

Authentiques paysans à l'ancienne

De tous mes aïeux, je n'ai connu que mes grands-mères avec qui j'avais peu de contact. Les grands-pères étaient déjà décédés lorsque je suis né.

Mais d'une certaine façon mon grand-père paternel m'était quand-même familier, du moins en avais-je l'impression. Sa nombreuse descendance voyait en lui une figure hors du commun, on en parlait comme d'un personnage de légende. Secrètement, j'en étais fier. Ce grand-père se nommait Dominik Arnold. Il était né en 1858 dans une belle ferme de montagne sise au lieu-dit « Getschwiler », à une altitude de mille trois cents mètres sur le territoire de la commune de Spiringen. Son berceau se trouvait donc au fond du Schächental, au pied du col du Klausen qui relie Uri à Glaris. Aujourd'hui, les voyageurs parcourent la vallée sur une jolie route panoramique, mais à l'époque il n'existait que des sentiers muletiers sur lesquels les éleveurs conduisaient leurs troupeaux vers les riches pâturages de l'Urnerboden, de l'autre côté du col.

Le petit Dominik était l'aîné de Peter et Anna, elle aussi une Arnold. Dans le canton d'Uri, ce patronyme est étroitement as-

Vue sur le Schächental depuis le col du Klausen. Au fond, on devine la vallée de la Reuss.

socié à Spiringen. Probablement tous les Uranais qui le portent sont originaires de ce village. Commune et famille ont d'ailleurs des armoiries identiques. Mais dans la vallée, quand les gens parlaient de quelqu'un, ils l'appelaient rarement par son nom de famille. Il était d'usage d'employer un surnom qui, dans le cas de grand-père, rappelait la lignée dont il faisait partie. Il était un « Häirechä », un descendant d'Heinrich, d'après le prénom d'un de ses arrière-grands-pères.

L'aïeul Peter était un homme respecté qui avait une fois présidé aux destinées de son village. C'était un paysan relativement aisé qui, outre le « Getschwiler », possédait un mayen, la « Weid », et était copropriétaire de l'alpage « Mettenen ». En outre, il exerçait le patronage sur la chapelle qui se trouvait sur son domaine. Elle avait été construite au seizième siècle par un certain Azarias Püntener, alors propriétaire des lieux.

La chapelle du «Getschwiler» (2017)

Celui-ci appartenait à une famille riche du bas du canton qui avait fait fortune dans le commerce des mercenaires. Consacrée aux « Sept douleurs de Marie », la chapelle était un lieu de pèlerinage très fréquenté. En 1910, la famille en cédera le patronage à la paroisse de Spiringen. Mais le sanctuaire attire toujours les regards des promeneurs et les invite à s'y arrêter un moment. Il figure dans le répertoire de l'héritage culturel régional, notamment en raison de la représentation de la Pietà qui orne l'autel principal, œuvre du peintre hollandais de renom Dionys Calvaert.

Lorsque grand-père vint au monde, presque tous les habitants du Schächental étaient paysans. Ils vivaient de l'élevage du bétail et de production laitière, activités parfaitement adaptées aux conditions naturelles, bien meilleures que l'agriculture qui avait été abandonnée depuis longtemps. Les pentes orientales de la vallée offrent en effet de bonnes prairies assez faciles à travailler qui donnent des récoltes appréciables en fourrage. En outre, sur les hauteurs, sous les sommets qui entourent la vallée, s'égrène un chapelet de pâturages alpestres qui accueillent en été le bétail pendant que plus bas on engrange l'herbe pour l'hiver. Ces avantages naturels ont favorisé l'émergence d'une sorte d'économie nomade.

Bien sûr, la vie de paysan de montagne était dure, pleine de privations et de dangers. La période de végétation était courte, les hivers rudes, les avalanches fréquentes et dévastatrices. Bien des travaux étaient risqués, en premier lieu la collecte du foin sauvage, complément indispensable pour nourrir les animaux pendant l'hiver. Le bûcheronnage se terminait souvent par un accident grave. Tous les travaux se faisaient à la main et les déplacements à pied.

La plupart des fermes étaient petites. Le paysan moyen possédait juste deux ou trois vaches et une demi-douzaine de moutons et de chèvres qui rapportaient l'essentiel pour vivre : lait, beurre, fromage et sérac, peau, laine à filer, tisser et tricoter et viande à fumer. L'accès à la vallée était assuré par une seule route à peine carrossable. Ceux qui voulaient vendre un bien sur le marché d'Altdorf, le chef-lieu du canton, étaient forcés de l'acheminer à dos d'homme ou de femme.

La population vivait donc largement en autarcie. L'argent était rare, ce qui empêchait l'économie de se diversifier. Chacun était son propre menuisier, ébéniste ou cordonnier, les femmes cousaient, filaient, tissaient et fabriquaient des draps. La majorité de la population était pauvre et vivait chichement. Heureusement, la plupart des alpages et forêts étaient la propriété d'un consortage. Par son intermédiaire, même les nombreux paysans sans terre jouissaient un peu des ressources naturelles. Mais on était évidemment mieux loti si l'on était propriétaire terrien. L'idéal était de posséder des terres à différents niveaux, une ferme en basse altitude, un mayen plus haut et un consortage sur une alpe, comme c'était le cas de l'aïeul Peter. On n'était pas riche pour autant, mais on pouvait voir venir.

Grand-père faisait donc partie d'une famille plus fortunée que la moyenne. Mais cette aisance relative ne protégeait pas des vicissitudes auxquelles la population était exposée. À deux ans, Dominik perdit sa mère lorsqu'elle donna naissance à un deuxième fils. Mourir en couches était fréquent. Dix ans plus tard, le père convola de nouveau en justes noces. Cela aussi était habituel parce que pour un veuf il était difficile d'élever ses enfants et de travailler ses terres sans épouse à ses côtés. Plusieurs enfants naquirent de la nouvelle union, mais les deux aînés succombèrent dans l'adolescence à une épidémie de diphtérie. Les services médicaux étaient encore presque inexistants. En cas de maladie grave ou d'accident les gens devaient se débrouiller avec les moyens du bord. En plus, les conditions hygiéniques laissaient à désirer. Les habitations étaient mal aérées. La plupart des maisons ne possédaient pas de cheminées, de sorte que la fumée pouvait difficilement s'échapper, ce qui affectait les poumons. Les vêtements protégeaient mal contre l'humidité et le froid. Comme on se nourrissait avant tout de produits de la ferme, l'alimentation était peu équilibrée. Elle consistait essentiellement en protéines animales. Les légumes étaient rares et d'autres denrées comme les céréales et les pommes de terre devaient être importées dans la vallée. Par conséquent, on mourait de préférence à la suite d'une pneumonie, d'une affection respiratoire, d'une maladie des organes de la digestion ou de la tuberculose.

Le remariage de veufs était risqué. Il pouvait engendrer des tensions au sein du ménage. Ainsi, grand-père Dominik ne semble pas avoir porté sa belle-mère dans son cœur. La rumeur dit qu'elle était un peu « méchante ». Par ailleurs, être l'aîné ne l'avantageait pas dans la succession. Celle-ci consistait essentiellement en droits fonciers, et comme les parents voulaient en jouir jusqu'à la fin de leur vie, les meilleures terres revenaient régulièrement aux puînés qui, en raison de leur âge, restaient travailler avec le père jusqu'à son décès. Dominik et son frère du premier lit se contentèrent donc du mayen et de l'alpage, alors que les demi-frères beaucoup plus jeunes hériteront du domaine principal, le « Getschwiler ».

Cependant, grand-père n'attendit pas ce moment pour se mettre à son compte. Très tôt, il se tourna vers le métier de marchand de bétail qu'il exerça avec flair et bon sens tout en restant fidèle à ses occupations paysannes. Sa spécialité était d'acheter des vaches ou génisses qui avaient de la peine à devenir portantes, raison pour laquelle elles étaient juste bonnes pour la boucherie. Mais il parvenait on ne sait plus comment à les rendre fécondes et pouvaient les revendre avec un joli bénéfice. Quand il eut gagné suffisamment d'argent, il l'utilisa pour acheter une ferme, car il avait compris que dans son milieu, la meilleure garantie pour rester indépendant et mener une existence à l'abri du besoin était de posséder des terres. Mais il ne pensait pas à lui-même. On dit que pendant toute sa vie, il n'avait qu'une chose en tête : pouvoir léguer un jour à chacun de ses fils une ferme et doter ses filles d'un petit pécule. Cet objectif, il le poursuivit avec obstination. Il avait à peine trente ans quand il devint propriétaire du « Holzerbergli », la ferme qui verra naître mon père. Après son mariage, il racheta à son beau-père l' « Obermattli » qui avait auparavant appartenu à un cousin. Il céda alors à son frère le mayen dont ils avaient hérité ensemble, mais garda sa part de l'alpage. Quelques années plus tard, il parvint à convaincre son demi-frère malade de lui revendre le « Getschwiler ». À la fin des années vingt pour finir, il deviendra à Schattdorf propriétaire du bien-fonds que mon père obtiendra en héritage.

Il n'avait par contre pas hâte de se marier. En effet, il attendit quarante ans pour le faire. L'élue à qui il donna finalement son consentement s'appelait Maria Arnold. Elle aussi n'était pas toute jeune puisqu'elle allait sur ses vingt-neuf ans. Grâce à la photo de mariage je puis me faire une idée de leurs personnalités. C'est la seule image qui nous soit parvenue d'eux. Pour la réaliser, ils avaient dû se déplacer à Altdorf, probablement à pied. Le cliché montre un couple visiblement plus très jeune. Tous les deux portent un costume de couleur sombre, taillé dans un tissu épais fait pour résister à l'usure du temps et au mode de vie paysan. La mise en scène est identique à celle qu'on voit habituellement sur les photos de mariage de l'époque. Cependant, mes grands-parents me paraissent peu à l'aise, leur pose est rigide, la gestuelle gauche. Ils respirent toutefois l'élégance et la confiance de paysans aisés.

Grand-mère Maria avait grandi sur la « Riedmatt », la ferme qui jouxte l' « Obermattli ». Elle descendait également

Photo de mariage des grands-parents   *Grand-mère derrière son rouet*

d'une famille paysanne comparativement bien située. Son père Johann possédait plusieurs exploitations à des altitudes variées et un droit d'alpage sur Urnerboden. Par ailleurs, il avait lui aussi occupé des fonctions publiques, en l'occurrence comme président de commune et préposé aux orphelins. Les mariés se connaissaient donc depuis belle lurette. En outre, ils étaient apparentés à cause de deux grand-mères qui étaient sœurs. Ce genre de mariage consanguin arrivait souvent et la dispensation ecclésiale était facile à obtenir. En effet, le peuplement de la vallée se signalait par une grande stabilité, il n'y avait plus guère eu d'immigrants depuis plusieurs siècles. Le « marché matrimonial » était donc restreint, d'autant plus que le mode de vie était extrêmement sédentaire, au point que les gens s'aventuraient rarement en dehors de leur village. Par ailleurs, le recours à l'entraide entre familles était souvent une nécessité pour venir à bout des travaux de la ferme, chose évidemment plus facile à réaliser entre voisins et apparentés. Dans ces circonstances, en joignant leurs destins, mes grands-parents firent un choix logique et conforme à la tradition.

Malgré leur âge avancé, les deux conjoints devinrent parents de douze enfants. Toutefois, seuls huit atteignirent l'âge adulte. Le couple mena une existence harmonieuse, aidée par des conditions de vie assez confortables.

Grand-mère Maria était une femme énergique qui était complémentaire à son mari. Elle excellait dans le maniement du métier à tisser et savait bien filer la laine. Mais elle possédait aussi les moyens pour employer des servantes.

Grand-père Dominik était de petite taille. Il mesurait à peine un mètre et demi. Ce qui ne l'empêchait pas de se comporter en patriarche de la vieille école. Il tiendra les rênes de son exploitation jusqu'à son dernier souffle. Il était aussi un homme d'affaires à succès. Ce qu'il entreprit, il le réussit généralement. Cependant, il pouvait se montrer très généreux. On raconte aussi qu'il était un joueur de cartes passionné qui supporta mal les erreurs de ses partenaires. Il n'était probablement pas très instruit parce qu'il n'avait fréquenté l'école que pendant trois ans. Selon toute probabilité il était plutôt du genre taciturne, comme la plupart des habitants de la vallée. Mais il était certainement un homme astucieux et persévérant dans la poursuite de ses objectifs, comme le démontre l'histoire des quatre fermes qu'il réussit à acquérir. Il avait la réputation d'être un authentique paysan à l'ancienne. Je suppose qu'il ne pouvait imaginer métier plus beau et souhaitait ardemment que ses fils puissent aussi l'exercer un jour sur leurs propres terres.

Grand-père Dominik décéda en octobre 1935. Il fut enterré au cimetière d'Unterschächen. Une foule nombreuse était venue lui rendre le dernier hommage. Il trouva donc sa sépulture non pas à Spiringen, son village natal où il s'était marié et où se trouvaient la plupart de ses terres, mais au village voisin parce que c'est ici qu'il avait toujours exercé ses droits civiques.

Il y avait aussi endossé une fois la fonction de président du conseil paroissial. Autrefois, celle-ci était la plus haute position qu'un homme du peuple puisse atteindre dans le village. L'élu devait gérer le patrimoine de l'église, généralement mieux doté que celui de la commune politique. Cependant, à l'époque où grand-père fut élu, les prétendants ne se bousculaient plus au portillon parce qu'ils devaient consentir à donner de leur temps sans être rétribué et s'acquitter de tâches moins prestigieuses comme veiller au respect de l'ordre public pendant les offices religieux. Mais le titre forçait toujours le respect. Le président en exercice avait l'honneur de s'asseoir à l'église dans une stalle spécialement réservée pour lui, et jusqu'à sa mort il portait la distinction d'ancien président du conseil paroissial.

Pour assumer cette charge, il n'était pas nécessaire d'être particulièrement pieux. Il suffisait d'être connu comme croyant qui se conformait aux enseignements de l'Église, ce qui devait être le cas pour grand-père, comme d'ailleurs pour quasiment tous les habitants du canton. En effet, l'Église n'était pas seulement bâtie au milieu du village, sa doctrine régissait aussi les consciences et les mœurs. Peu de gens osaient mettre en doute l'autorité du clergé, tout le monde ou presque s'acquittait fidèlement de son devoir pascal, allait à l'église quand il le fallait, implorait la protection de Dieu sur les vivants, priait pour les âmes des défunts et demandait aux saints d'intercéder en leur faveur.

Dans l'espoir d'une vie meilleure

Mon autre grand-père s'appelait Josef Imhof. Il vint au monde en 1882. Il était l'aîné de Gottlieb Imhof et de Maria Brand qui résidaient à Spiringen. Il était donc également natif du Schächental. En 1896 il suivit ses parents à Schattdorf où ils venaient d'acquérir une petite ferme. Dorénavant c'est dans la plaine de la Reuss que grand-père passera sa vie.

En cette fin de siècle, les Imhof n'étaient pas les seuls à quitter la vallée. Ils étaient même très nombreux. Depuis des siècles, les familles du Schächental étaient très grandes. Avec le temps, les surfaces disponibles ne suffisaient plus pour nourrir tout le monde. Dans le bas du canton par contre la situation était en train de prendre une autre tournure. L'économie se diversifiait. Les paysans du Schächental s'intéressaient avant tout aux terrains agricoles qu'on pouvait maintenant louer ou acheter.

Ce développement était le résultat d'un processus de changement dont le moteur principal était les transports qui subissaient une mue considérable. Depuis des siècles, Uri était la porte d'entrée pour accéder au Gothard depuis le nord. Mais le passage était rendu compliqué par l'absence de voie terrestre pour atteindre la vallée. Il n'y avait que le bateau, ce qui contenait la fréquentation du col à un niveau assez modeste et limitait le bénéfice que la population locale pouvait en tirer. Le transit du Gothard n'occupa en effet qu'un faible pourcentage des habitants.

Paradoxalement, malgré la renommée dont jouissait le Gothard en tant qu'axe de transit nord-sud le plus court à travers les Alpes, Uri resta pendant longtemps un coin du monde relativement isolé, caractéristique qui se reflétait aussi dans les mentalités. Tout ce qui venait d'ailleurs suscitait la méfiance, imposait la retenue. Il fallut attendre la deuxième moitié du dix-neuvième siècle pour voir la situation changer, tout d'abord sous l'influence de la route qu'on réalisa le long de la rive orientale du lac des Quatre-Cantons, mais surtout sous l'impulsion de la ligne de chemin de fer et du tunnel du Gothard mis en service en 1882. Ce chef d'œuvre de la technique non seulement fit exploser les statistiques des transports, mais il supprima aussi la trêve hivernale imposée à la circulation. L'ouverture vers l'extérieur conduira peu à peu à une transformation en profondeur de l'économie et de la société.

Les décennies qui précédèrent ces réalisations avaient été particulièrement dures pour la majorité de la population de la vallée de la Reuss, composée essentiellement de petits paysans. La plupart vivaient dans la pauvreté sur des fermes souvent surendettées. Vers 1850, une personne sur six s'adonnait à la mendicité.

Nombreux étaient ceux qui voyaient dans l'émigration l'unique échappatoire à la misère, à l'instar de deux oncles de ma grand-mère maternelle Severina Zurfluh qui trouvèrent un emploi et une femme en France. Ironie de l'histoire, cette grand-mère descendait d'une famille d'immigrants. En effet, ses ancêtres, venant de la Levantine, s'étaient installés au seizième siècle aux alentours d'Erstfeld. Toutefois, ils ne semblent pas avoir fait fortune dans leur nouvel environnement, en tout cas pas les Zurfluh dont faisait partie grand-mère. Selon toute vraisemblance ses ancêtres proches ne possédaient aucune exploitation agricole, mais menaient l'existence précaire de fermier, berger d'alpage, valet ou porteur sur les sentiers du Gothard. C'est en tout cas ce que je suppose, la mémoire sur leur sort ayant été effacée par le temps.

Mais c'est sans doute cette vie que les deux oncles de ma grand-mère ont fuie. J'ignore ce qu'ils sont devenus, leurs traces se sont perdues. C'est par le truchement de collections généalogiques que j'ai appris leur existence.

Une des conséquences de l'entrée en scène du chemin de fer, puis de la motorisation, était de réduire l'importance des chevaux dans le transport. Simultanément, leurs propriétaires, généralement des hommes d'affaires doublés de paysans fortunés, se tournèrent vers de nouvelles opportunités économiques, ce qui les incitait à abandonner la terre ou à réduire la taille de leurs exploitations en vendant les pâturages destinés aux chevaux. Cette nouvelle donne faisait le bonheur des hommes du Schächental qui y voyait une occasion inespérée de perpétuer leur mode de vie traditionnel, qui plus est, dans des conditions sensiblement meilleures puisque les terrains proposés étaient plus faciles à travailler. Ils avaient généralement peu de dettes et pouvaient s'appuyer sur une parentèle soudée, ce qui les aidait à réunir le capital nécessaire pour acheter un domaine, d'habitude fort petit, qu'ils trouvaient à acquérir au bas du canton. Mais fréquemment ils continuaient à tirer profit de droits d'alpage hérités. En effet, pouvoir estiver le bétail sur une alpe pour produire beurre et fromage était un avantage très convoité parmi les paysans.

J'ignore les raisons qui ont poussé Gottlieb Imhof à quitter son village natal pour aller vivre à Schattdorf. L'espoir de pouvoir mener une existence plus confortable sur sa nouvelle ferme a certainement agi comme motif. Mais Gottlieb ne

Vue nord-sud sur la plaine de la Reuss

faisait pas partie des miséreux, il avait même hérité à Spiringen d'un petit bien-fonds dont il se séparera quelques années avant son départ. Il avait beaucoup d'enfants dont un fils, handicapé mental et sourd-muet à la suite d'un accident domestique en bas âge, qui coûta la vie à son frère jumeau. Toutefois, on rapporte que les conditions dans lesquelles grand-père Josef grandit étaient modestes. Depuis sa prime enfance il aurait compris la gravité de la vie, ce qui aurait renforcé sa détermination à assumer son rôle d'aîné pour aider les siens à s'en sortir. L'été, il gardait des vaches et des chèvres sur un alpage. Une fois établi à Schattdorf, il seconda son père sur l'exploitation familiale, puis s'engagea comme valet chez un riche paysan du village. Celui-ci était si content de lui qu'il décida en 1910 de lui vendre la parcelle appelée « Wegried » ou « Kleinried » qu'il possédait à côté du chemin menant à Erstfeld. Elle mesurait moins de deux hectares, et l'appellation « Ried » (marais) suggère qu'elle n'était pas très productive. En outre, il n'y avait qu'une étable et pas de maison. Grand-père était donc forcé d'en construire une s'il voulait s'y établir avec sa famille, ce qu'il était bien résolu à faire après son mariage avec Severina Zurfluh célébré l'année suivante.

Nul doute que Josef Imhof n'avait pas choisi Severina comme épouse parce qu'elle lui amenait une dot considérable ou parce qu'elle descendait d'une famille illustre. Tout ce que grand-

Quatre générations Imhof (1939) : au premier plan les arrière-grands-parents Imhof-Brand entourés par le couple Imhof-Zurfluh avec les deux premiers-nés de leur ainé et de son épouse (au fond).

mère était à même de lui offrir était de ne pas rechigner à mettre la main à la pâte et de posséder une personnalité bien trempée, fortifiée par les épreuves de la vie. Elle était la dernière des cinq enfants de Franz Josef Zurfluh et Anna Kempf. Lors de leurs épousailles en 1877, Anna était déjà âgée de trente-six ans, six de plus que son mari. Mais elle avait hérité à Schattdorf d'une minuscule exploitation juste à côté de celle où je viendrai au monde. Cette propriété était un atout non négligeable pour séduire un jeune homme qui était un simple ouvrier agricole. De plus, Anna était enceinte de lui de leur premier enfant.

Elle accoucha de sa benjamine Severina fin août 1883 dans un chalet d'alpage rudimentaire au-dessus d'Attinghausen sur lequel son mari était employé comme berger. Le jour de la naissance, les pâturages étaient couverts de neige. Le lendemain, le père coucha la nouvelle-née dans une hotte et la transporta sur le dos jusqu'à l'église du village, près de mille mètres plus bas, pour la faire baptiser. Severina n'avait pas encore treize ans quand sa mère mourut à l'âge de cinquante-cinq ans. Sa scolarité obligatoire à peine terminée, elle accepta de chercher du travail comme employée domestique ou dans le service hôtelier pour aider à renflouer les caisses de la famille. Pendant de nombreuses années elle louait ses services à Altdorf, Schwyz, voire même à Fribourg, et finalement à Engelberg d'où elle rentra en automne à pied par le col de la Surenen, un trajet de plus de trente kilomètres assez pénible. Ainsi, elle pouvait remettre aux siens l'entièreté du petit pécule qu'elle venait de gagner au lieu d'en dilapider une partie en frais de transport.

La construction de la maison au « Kleinried » prit du temps. En attendant, les jeunes mariés trouvèrent refuge chez les parents de Josef où Severina donna naissance aux trois premiers enfants. Entretemps grand-père Gottlieb avait aidé son fils à acquérir le mayen « Oberwiler » perché très haut sur le flanc gauche de la vallée sur le territoire de la commune d'Erstfeld. Bien des années plus tard, Josef réussira à agrandir sa propriété en plaine par l'achat d'une parcelle jouxtant le « Kleinried ». D'après ma mère, il aurait aussi dû hériter de la ferme paternelle à Schattdorf. Elle lui aurait été promise, ce qu'atteste d'ailleurs le registre foncier, mais son père aurait soudain regretté son geste et repris ses droits, pour finalement vendre le domaine à un voisin, ce qui déplut à certains membres de la famille qui en auraient volontiers pris la succession. Mais Gottlieb s'est probablement dit que son aîné n'avait plus besoin de la ferme, et la donner à quelqu'un d'autre aurait fait des envieux.

Grand-père Josef est resté dans la mémoire comme une personne gentille et serviable. Il n'exerça aucune fonction publique et fut tout sauf un patriarche. De nature généreuse, il aurait souvent prié sa femme d'inviter des passants à prendre un café et faire un brin de causette avec lui. Il souffrait d'un asthme sévère, surtout après avoir inhalé la poussière de foin. Les dernières années de sa vie, il évitait de se rendre à l'étable et n'était plus capable de travailler parce qu'il avait les cuisses démesurément enflées en raison d'une hydropisie cardiaque.

Severina donna naissance à quinze enfants, la dernière fois à quarante-sept ans. Dix seulement survécurent, mais la somme de travail au ménage et à la ferme n'en restait pas moins considérable. De stature plutôt fluette, elle était dotée d'une volonté de fer qui lui permit de s'acquitter de ses tâches sans défaillir. N'avait-elle pas été habituée depuis toujours à une vie besogneuse et frugale ? Elle avait un tempérament calme, empreint de modestie et assez casanier, se plaignant rarement, même quand le sort s'acharnait sur sa famille : la mort subite de son père tombé dans une fosse à purin après avoir été terrassé par une crise cardiaque ; une sœur alcoolique, mère d'une fille illégitime gravement handicapée qui passera sa vie dans une famille d'accueil ; un frère souffreteux et mis sous tutelle ; un autre dépressif qui se donna la mort après une catastrophe naturelle qui menaçait de le ruiner. Si elle en souffrait, elle ne parla guère de ses malheurs. Ma mère suivra son exemple bien qu'elle ne les ignorât pas.

Manifestement, mes deux parents descendaient de très vieilles souches paysannes qui prenaient racine dans le même terreau. Certes, leurs aïeux étaient inégalement fortunés. Certains faisaient partie de la couche moyenne respectable qui avait peu à craindre de l'avenir, tandis que d'autres vivaient dans la précarité et luttaient de toutes leurs forces pour une existence dans la dignité. La plupart passèrent leur vie dans l'arrière-pays du Schächental et les autres à peine une vingtaine de kilomètres en aval, là où le Schächen et la Reuss se réunissent et où conflueront un jour les destinées de mes parents. J'imagine volontiers que c'est la construction du chemin de fer du Gothard qui en porte la responsabilité, car sans la mise en vente des terres qu'elle entraînait dans la région mes parents ne se seraient sans doute pas trouvés.

Quoiqu'il en soit, tous mes ancêtres, sans exception, étaient originaires du même espace restreint, géographiquement clos et culturellement homogène, qu'ils ne quitteront pour ainsi dire jamais aussi longtemps qu'ils vécurent. Cet univers physique et psychologique hermétique a encore marqué mon enfance. Tout le monde s'y connaissait, ce qui engendrait sur tous une forte pression sociale visant à se conformer aux coutumes et normes locales. En l'absence d'autres repères, les gens n'avaient d'autre choix que de se faire guider par la tradition et les autorités civiles et religieuses. Par ailleurs, pour survivre dans les conditions économiques et sociales qui régnaient, mieux valait être dur à la tâche, accepter sans se plaindre les revers de fortune, vivre dans la crainte de Dieu et éviter soigneusement tout soupçon d'immoralité et de prodigalité.

Ce sont ces mêmes principes et valeurs que mes parents essayeront de nous inculquer. Pour cette raison, l'univers de mes grands-parents résonne encore profondément en moi.

4

Vers une vie commune

Jeunesse au fond du Schächental

Aujourd'hui on chercherait en vain la maison natale de mon père. Elle a disparu une nuit de janvier 1968, balayée par une avalanche meurtrière. Mais la ferme du « Holzerbergli » dont elle faisait partie – que grand-père Dominik avait achetée en 1891 – existe toujours. Pour s'y rendre, il faut prendre la route à forte déclivité qui monte depuis Unterschächen à Urigen. On l'aperçoit alors à faible distance au-dessus du virage. Située à un peu plus de mille trois cents mètres sur une pente assez douce, elle bénéficie d'une exposition très ensoleillée.

Quand grand-père entra en sa possession, ce coin de campagne était encore situé très à l'écart, loin des grandes voies de passage et à plusieurs heures de marche d'Altdorf. Mais au tournant du siècle, le monde s'en était rapproché un peu, sans que toutefois la vie des paysans y perde de sa dureté. En effet, la construction de la route du Klausen améliorait sensiblement les transports. Le 25 juin 1900, la première calèche postale avait traversé le col, inaugurant un service régulier durant la bonne saison. Partout, hôtels et restaurants poussèrent comme des champignons après une bonne pluie, entre autre à Urigen où le service postal avait l'habitude d'interrompre sa

Vue d'en face sur Urigen dans le virage de la route du Klausen

course pour permettre à la bonne société de se restaurer. En 1922, un car remplacera la calèche. Mais le gros de la population locale continua à se déplacer à pied par manque d'argent. Timidement, le courant électrique et les premiers téléphones firent leur apparition dans la région. Cependant il faudra encore attendre longtemps pour que, dans les fermes reculées, les ampoules remplacent les lampes à pétrole et les bougies.

Le jour de la naissance de mon père, le 3 mars 1909, coïncida avec le mercredi du Quatre-Temps du Carême. Dans le calendrier de l'Église catholique, Quatre-Temps désigne quatre semaines par année, chacune marquant le début d'une saison, pendant lesquelles les fidèles sont exhortés à pratiquer l'abstinence, à prier et à faire l'aumône pour remercier Dieu pour le don de la création. À l'époque, cette tradition était bien ancrée dans la population, ce qui nimbait le jour de naissance de mon père d'une signification particulière. Le lendemain, on descendit le nourrisson à l'église d'Unterschächen pour le tenir sur les fonts baptismaux. Il y reçut le prénom de son père. Cet héritage symbolique ne le remplira pas de joie débordante. Il refusera en tout cas de nommer ainsi un de ses garçons, comme s'il avait voulu leur éviter le rôle ingrat de Dominik junior qu'il avait dû endosser.

Mon père grandit avec trois frères et quatre sœurs qui formaient une communauté harmonieuse. Il s'est toujours senti à l'aise parmi eux et s'entendait bien avec tout le monde. Même après son installation à Schattdorf, les liens avec sa famille restèrent forts. Dans son for intérieur, mon père se sentira toute sa vie un homme du Schächental. Il rêvait même d'y passer ses vieux jours, un rêve qui, hélas, ne se réalisera pas.

Son enfance n'était pas troublée par des soucis existentiels. Certes, les conditions de vie étaient simples, l'espace dans les maisons étroit et le travail dur. Mais le rendement de l'exploitation suffisait largement pour ne jamais se trouver sérieusement dans la nécessité. Cependant comme partout dans la région, l'alimentation était monotone. On se nourrissait essentiellement de lait, pain, fromage et viande séchée et l'on buvait un café clair très sucré auquel on ajoutait une lampée ou deux d'eau de vie. On ne cuisinait que des plats simples, par exemple des soupes ou du riz au lait. Pommes de terre, légumes et fruits étaient rarement consommés.

Selon les standards locaux, ses parents remplirent leur rôle de manière exemplaire. Tous les deux étaient des êtres travailleurs, sobres, consciencieux et bons chrétiens. Le soir venu, la famille se réunissait pour réciter le chapelet. On aimait aussi jouer aux cartes. Il se peut que le père et la mère fussent dotés d'une carapace. Ils exprimaient chaleur humaine et affection par le soutien pratique plutôt que par des mots compréhensifs ou des gestes tendres. Par conséquent, les relations parents-enfants étaient empreintes d'une certaine distance qui déteindra sur mon père. De toute manière, on adoptait une attitude pleine de respect vis-à-vis de ses géniteurs. On ne les tutoyait pas, on ne le contredisait pas et on se pliait à leur autorité. À cela s'ajouta que le jeune Dominik se voyait confronté à un père déjà passablement âgé puisqu'il s'était marié sur le tard. Je suis certain que cela contribua à augmenter la distance entre eux deux. Peut-être faut-il y chercher la raison profonde pour laquelle le fils n'aimait pas l'ombre que son prénom projetait sur lui. Mais je crois avoir observé qu'il entretenait également les mêmes relations plus respectueuses qu'affectueuses avec sa mère.

Les premières années de sa vie se déroulèrent selon le rythme saisonnier dans un va-et-vient incessant entre les différentes fermes et l'alpage. La résidence changeait plusieurs fois par année en fonction du travail du moment. Pendant que sur les fermes on peinait à couper et engranger foin et regain, une partie de la famille estivait le bétail sur l'alpe. En automne, en hiver et au printemps, c'est la réserve de fourrage qui dictait le lieu de séjour. On s'occupait du bétail, produisait du fromage et du beurre, élevait les veaux et tuait le cochon. Dès leur plus jeune âge, les enfants étaient tenus d'apporter leur aide et de s'occuper des plus petits.

En 1914, éclata la première guerre mondiale. Le premier août, le Conseil Fédéral déclara la mobilisation générale. La famille de Dominik ne fut pas touchée. Je pense d'ailleurs qu'elle ne fut pas affectée outre mesure par le conflit. En raison du renchérissement des denrées agricoles, les paysans faisaient plutôt figure de profiteurs bien qu'ils fussent obligés de livrer leur fromage et leur beurre à une coopérative étatique. L'incident le plus grave fut l'épidémie de grippe espagnole qui sévit à la fin de la guerre. Spiringen et Unterschächen furent frappés de plein fouet. Parmi les victimes se trouvait la marraine de Dominik. Elle n'avait que trente ans et venait de donner naissance à une fille. Deux ans avant, Dominik avait déjà perdu son parrain, le plus jeune demi-frère de son père, héritier du « Getschwiler », qui avait succombé à la tuberculose.

L'automne 1915 marqua un tournant dans la vie de Dominik : l'entrée à l'école obligatoire. Depuis 1875, celle-ci durait six ans. Mais dans la plupart des villages on ne la fréquentait qu'en hiver, de début octobre à fin avril. En règle générale, on y entrait à sept ans et en sortait à treize. Mais Dominik bénéficia d'une permission spéciale. Ses parents avaient obtenu l'autorisation qu'il puisse commencer une année plus tôt pour éviter que sa sœur aînée d'un an ne doive faire le chemin toute seule. C'est ainsi donc qu'un beau jour d'octobre 1915, il lui emboîtera pour la première fois le pas pour descendre à Unterschächen suivre les classes, comme il le fera ensuite année après année. Cependant, ce n'était pas une sinécure parce que le chemin était raide, épuisant, difficile et parfois dangereux en raison de la neige qui le recouvrait. Notre père nous a souvent raconté comment il descendait les pentes avec des skis de fortune fabriqués avec des douves, un bout de bois entre les jambes pour freiner. Pour rentrer à la maison, il n'avait pas d'autre choix que de grimper dans la neige pendant deux heures. Comme les classes duraient toute la journée, les enfants devaient se contenter de la soupe qu'on leur servait à midi.

    Mon père aimait l'école et y assistait avec assiduité. Sur la photo prise en 1919 – la seule image que j'aie de lui comme

L'école d'Unterschächen.
Dominik est le cinquième enfant depuis la droite à l'avant-dernier rang.

enfant – on le voit debout, les bras croisés, de petite taille mais le regard provocateur, comme s'il voulait impressionner par son sérieux. Garçons et filles suivaient la classe ensemble, les quatre premières, sous la houlette d'une religieuse, les deux dernières, sous celle du curé auxiliaire. Le corps enseignant faisait régner une discipline rigoureuse, à la demande expresse de la population d'ailleurs. Pour se faire respecter, il recourait souvent à des sévices corporels. Ainsi, pour punir les enfants bruyants, on leur fourrait un morceau de tissu ou une tétine dans la bouche. La matière enseignée se limitait à l'apprentissage de l'écriture, la lecture, le calcul et un peu d'histoire patriotique. Le calcul mental occupait une place privilégiée, ce qui plut à mon père qui y excellait. Tous les dimanches en période d'école, les enfants allaient à la messe qui était suivie d'une leçon de catéchisme. Ils étaient obligés d'apprendre les réponses par cœur. Malheur à qui ne savait pas les réciter sans hésitation ou qui manquait une séance sans excuse valable ! Heureusement pour lui, Dominik était bon élève nonobstant son jeune âge. Il suivait les classes sans difficultés. À l'occasion de la première communion, le meilleur écolier avait traditionnellement l'honneur de porter une chaîne en or. Dominik à qui elle échut la passa au suivant. Il ne voulait pas être mis en vedette.

Au terme de l'école obligatoire, et l'examen final passé avec succès, Dominik entama une nouvelle phase dans son existence : âgé d'à peine douze ans, il fit son entrée dans la vie active. Certes, la formation scolaire n'était pas totalement derrière lui parce que pendant trois hivers, il fut obligé de suivre chaque semaine quelques heures d'éducation continue. Mais pendant huit ans, son occupation principale sera d'aider son père dans les travaux de la ferme. Il ne dut jamais – contrairement à beaucoup de ses contemporains – faire l'expérience de se faire enrôler ailleurs comme homme de main ou comme valet sur un alpage glaronnais. Comme il était le fils d'un paysan relativement bien situé, ce sort lui était épargné, tout comme il n'était guère exposé à de quelconques soucis matériels.

Des années plus tard, il confessera parfois qu'il aurait préféré faire l'apprentissage d'un métier artisanal, mais son père s'y serait opposé. Il se sentait particulièrement attiré par le travail du bois, se voyait devenir ébéniste, menuisier ou charpentier. Il démontrera plus tard à suffisance qu'il en possédait le talent. Il ne manquait pas non plus de modèles dans sa parenté et avait sans doute lui-même pu acquérir un peu d'expérience parce que dans l'exploitation familiale il y avait souvent des réparations à faire ou du mobilier à fabriquer.

J'ignore si Dominik a effectivement ressenti en lui si tôt cette vocation et s'il en a sérieusement parlé à son père. Quoiqu'il en soit, elle aurait été difficile à concrétiser. La formation professionnelle et le système d'apprentissage étaient encore peu développés. Qui plus est, son père aurait certainement eu peu de compréhension pour un fils aspirant à une existence qui – dans sa conception paysanne – équivalait à une place peu enviable sur l'échelle de la considération sociale. En effet, les métiers de l'artisanat étaient exercés par des personnes qui ne possédaient pas de terres et elles n'étaient pas toujours bien rémunérées. D'ailleurs grand-père Dominik aurait eu de bonnes raisons de réprouver ce choix, lui qui avait tout fait pour offrir à chacun de ses fils un domaine à lui.

Par ailleurs, l'exploitation familiale avait effectivement besoin de bras. S'occuper de trois fermes et d'un alpage était un travail à plein temps. Toute aide était bienvenue. C'est ce que le jeune déscolarisé a certainement compris. Il voyait bien qu'il n'avait pas d'alternative. Pendant toute son adolescence, mon père fut donc un aspirant-paysan du Schächental : il coupait l'herbe, récoltait le foin sauvage, trayait les vaches, conduisait le bétail sur l'alpage, fabriquait du beurre et du fromage, etc. J'admets que j'ai de la peine à me le représenter dans ce rôle. Aussi loin que je m'en souvienne, il a toujours évité ces activités et n'a jamais fait mystère du fait qu'il n'avait pas la fibre paysanne.

En 1929, Dominik fut appelé à suivre l'école de recrue à la caserne de Thun. C'était son premier voyage important. Le service militaire terminé, un autre chapitre de sa vie commença dont nous, ses enfants, ferons un jour partie. Toutefois, elle n'aura plus pour cadre le Schächental, mais le bas du canton où Dominik fera bientôt la connaissance de celle qui deviendra sa femme.

Née le Jour des Morts

Contrairement au « Holzerbergli » tapi à l'écart sur les hauteurs d'une vallée latérale, le « Kleinried » se situe au milieu de la plaine de la Reuss, à proximité immédiate des deux voies de communication internationales qui traversent Uri. À une distance d'à peine cent mètres de la ferme passait autrefois d'un côté la route du Gothard, de l'autre la ligne de chemin de fer. Cette dernière causera la disparition de la maison dans laquelle ma mère vit le jour. Il y a une quinzaine d'années, la construction de l'accès au tunnel de base de la Nouvelle Transversale Alpine (NLFA) en prit la place.

Ma mère est née le samedi 2 novembre 1918. Elle était le cinquième enfant des dix restés en vie de Josef et Severina Imhof. Au baptême, en l'église de Schattdorf, elle reçut le prénom de sa marraine, Marie. Pour les catholiques, le 2 novembre est le Jour des Morts. Dans le temps, on le célébrait en chantant un requiem solennel suivi d'une cérémonie commémorative sur le cimetière, devant les tombeaux des proches. Les fidèles étaient exhortés à venir en aide – par des prières et des indulgences – aux âmes condamnées à attendre le salut au purgatoire.

Cette année, ils le firent certainement avec ferveur en pensant aux victimes de la grippe espagnole et de la Grande Guerre qui n'étaient terminées ni l'une ni l'autre. La naissance de ma mère fut donc entourée d'une symbolique religieuse prémonitoire de la femme adulte qu'elle deviendra, profondément croyante et sujette à la mélancolie, et qui trouva réconfort et appui dans l'espérance de la résurrection et de la vie éternelle. Dès les premiers jours, son existence fut jalonnée par la mort. Une semaine seulement après sa naissance eut lieu l'accident qui coûta la vie à son grand-père maternel. Puis ce fut au tour de trois petits frères et sœurs de quitter ce monde prématurément. Plus tard, c'est elle qui entourera son père, sa belle-mère et sa mère dans leurs derniers moments.

Son enfance et sa jeunesse tombèrent dans une époque de transition qui affecta en premier lieu les gens de la plaine.

Les années d'après-guerre étaient caractérisées par l'augmentation du coût de la vie et la Grande Dépression qui entraîna un chômage massif. La plupart des habitants d'Uri vivaient chichement et ne disposaient que de maigres moyens de subsistance. Un changement économique et social profond prit place dans la région. En l'espace de quelques décennies, la proportion des emplois dans le secteur de l'agriculture et l'exploitation forestière passa sous la barre des vingt pourcents, alors que celle du secteur des arts et métiers et de l'industrie fit un bond en avant. Grâce à deux grandes entreprises qui s'établirent dans le canton, une nouvelle espèce de travailleur fit son apparition : l'ouvrier d'usine. L'hôtellerie et la restauration se développèrent rapidement pour accueillir les touristes attirés par les sports d'hiver et les vacances estivales à la montagne. L'agriculture profita de la création d'un vaste réseau de drainage qui assécha la plaine de la Reuss. Pour la première fois, celle-ci était entièrement exploitable. Jusque-là, une grande partie en était marécageuse, en raison du cours en méandres de la rivière. Parmi les bénéficiaires des travaux figurait le « Kleinried ».

Grandir à cette époque dans une famille de petits paysans signifiait vivre de peu et renoncer à beaucoup de choses. Mais Marie choisira plus tard de privilégier le souvenir des moments heureux. Son enfance se déroula au rythme de l'alternance entre les séjours en plaine et les périodes au mayen. Son père considérait l' « Oberwiler » comme un paradis. Ma mère partageait cette opinion. Dans ses vieux jours, rien n'illuminait plus son quotidien que de l'apercevoir au loin. Je peux comprendre cette fascination. L'endroit ressemble à un nid d'aigle d'où le regard plonge presque verticalement au fond de la vallée.

Le déménagement à l'« Oberwiler » avait lieu après la Toussaint. La famille y restait jusqu'à fin janvier-début février. On fêtait donc Noël très haut au-dessus de la plaine. Pour les enfants, Noël était toujours un événement joyeux. Pendant que la mère décorait l'arbre, les petits attendaient dans la chambre à coucher jusqu'à ce que le son d'une clochette les invite à se rendre au salon où brillait l'arbre dans tout son éclat. Après la Chandeleur, on redescendait au « Kleinried » où l'on passait le reste de l'hiver. Dès que le printemps arrivait, on mettait les bêtes dans le pré. Au début de l'été, quelques enfants retournaient à l'« Oberwiler » où ils vivaient livrés à eux-mêmes pendant une bonne partie de la saison. Quand les foins étaient terminés en plaine, tout le monde venait les rejoindre pour les faire en haut. Le reste du temps, les enfants étaient occupés à ramasser de la litière et à couper du bois. À l'approche de l'automne on collectait le foin sauvage. Mais la famille Imhof respecta rarement la règle selon laquelle seules deux personnes étaient autorisées à couper l'herbe en même temps. Parfois ils étaient une bonne douzaine. On les accusa donc de surexploiter la nature. L'herbe séchée était entassée en meule. Vers la fin de l'hiver on la chargeait sur un traîneau et la transportait en bas en prenant des risques invraisemblables.

L'argent était rare. On en gagnait surtout pendant le séjour en plaine où l'on pouvait vendre le lait à la laiterie et recevoir en échange « l'argent du lait ». Au mayen, seul le beurre permettait d'en gagner un peu. Les écoliers se chargeaient de l'amener chez le laitier et d'acheter en échange du pain, du café et du sucre. Régulièrement, on vendait aussi une vache, un veau ou une génisse, avant tout en automne, selon la situation du marché ou d'un besoin d'argent pressant. Cette vente était une source de revenu importante. Une partie de la recette servait à payer les intérêts de l'hypothèque. Au printemps, on prenait l'une ou l'autre vache en location jusqu'à ce que leur propriétaire les conduise à l'alpage. Les Imhof ne possédaient pas de droit d'alpage. Leur bétail estivait chez des connaissances.

Néanmoins, malgré tous les efforts fournis on était souvent à court d'argent. On était donc constamment à l'affût d'autres gains. Ainsi, le premier dimanche de mai, la famille tenait un étal à la « Landsgemeinde » (diète) qui se réunissait sur un pré à Schattdorf. Mais en 1928 le peuple vota l'abolition de cette assemblée. Dans ces circonstances, les fonds étaient souvent à sec, raison pour laquelle on était économe et ne dépensait que pour l'indispensable. Personne ne souffrait de faim, mais on devait souvent se contenter de peu, par exemple d'un plat de riz ou de polenta. On n'achetait jamais de viande, mais on mangeait pendant quelques mois le cochon qu'on tuait en automne. Le reste du temps on s'en passait. Au mayen, on produisait un fromage maigre avec le lait écrémé, fromage qui, avec le temps, devenait si sec qu'on avait de la peine à le mâcher. Comme le beurre était destiné à la vente, on tartinait le pain avec de la confiture que la mère confectionnait avec des cerises ou des baies sauvages que les enfants avaient ramassées.

Au printemps 1925, Marie commença à Erstfeld l'école obligatoire de six ans. Le programme était identique à celui d'Unterschächen, mais l'enseignement durait quelques mois de plus par année. Garçons et filles fréquentaient des classes séparées, les uns chez des instituteurs, les autres chez des bonnes sœurs. Les coups étaient fréquents dans les classes des garçons. Les parents de Marie s'intéressaient peu aux notes, les bulletins scolaires étaient souvent signés par des frères ou sœurs plus âgés qui imitaient l'écriture de la mère. Les talents dans la famille étaient inégalement répartis. Marie fit partie des bonnes élèves, mais d'autres frères et sœurs étaient souvent gardés en retenue, ce qui retardait le retour en commun. En hiver, le chemin de l'école depuis l' « Oberwiler » était ardu, une heure à l'aller et deux au retour. À cette saison, on devait souvent le parcourir dans l'obscurité. Pourtant, on n'utilisait jamais une lampe parce qu'on connaissait l'itinéraire par cœur. Le matin, quand la neige recouvrait le sentier, la mère enfilait un pantalon d'homme pour ouvrir le chemin. Le soir, le père guettait inquiet le retour de ses petits écoliers et dès qu'il les avait aperçus venait à leur rencontre avec une luge pour les raccompagner à la maison.

Comme partout ailleurs depuis des temps immémoriaux, l'éducation reposait sur le respect et l'obéissance aux autorités. Le quatrième commandement « Tu honoreras ton père et ta mère » impressionnait particulièrement tout un chacun. Dans la famille Imhof, répondre avec impertinence aux parents était une faute à ne pas commettre, tout comme mentir ou voler. On jouait rarement aux cartes et on n'allait pas danser, ceci par manque d'argent et de vêtements appropriés. On se serrait les coudes entre membres de la famille, mais le climat au foyer penchait vers le sérieux. Ainsi, certaines mines sur la plus ancienne photo de famille que ma mère a soigneusement conservée sont plutôt moroses.

La religion occupait une place de choix dans l'éducation. Prier et aller à l'église allaient de soi. Les parents veillaient à ce que les enfants se confessent et communient fréquemment, tout particulièrement les Vendredis du Sacré-Cœur. Cette tradition remonte à une religieuse française à qui le cœur brûlant

La plus ancienne photo de la famille Imhof-Zurfluh (vers 1932).
Marie est la troisième depuis la gauche au deuxième rang.

de Jésus aurait promis que tous ceux qui communiaient dignement neuf fois de suite tous les premiers vendredis du mois mourraient en état de grâce. Ces jours-là les enfants Imhof devaient donc se lever tôt, même quand la famille séjournait à l' « Oberwiler », pour aller se confesser puis assister à la messe de six heures pour y recevoir le saint sacrement. Personne ne songeait à protester.

Dans l'ordre de naissance, Marie était un enfant du milieu ce qui eut un effet positif sur sa personnalité. Elle était d'un caractère conciliant et avait pour règle de bien s'entendre avec tous ses frères et sœurs et de ne penser du mal de personne. Si un comportement lui déplaisait, elle prenait simplement ses distances et punissait le coupable par son mutisme.

Dans une grande famille comme la sienne, il arrivait forcément un moment où les aînés devaient assumer le rôle d'éducateurs vis-à-vis des plus petits. La différence d'âge entre les premiers et les derniers encourageait ce transfert de responsabilité. Mais les parents Imhof y étaient aussi pour quelque chose. Ils étaient plutôt bienveillants. Ils recouraient rarement à des sévices corporels, tout au plus haussaient-ils parfois le ton. Mais comme l'état de santé du père empirait sans cesse, et qu'il était d'un naturel plutôt taciturne, il semble qu'il se soit de plus en plus tu quand il était question d'éducation. Plus d'une fois, ses grands fils lui auraient rudement cloué le bec. L'aîné en particulier était craint de tous et on se pliait à ses ordres. En matière d'hygiène, c'étaient les grandes sœurs qui faisaient la loi. S'opposer à elles auraient été vain.

Marie n'aimait pas qu'on remette en question l'autorité parentale. Elle détestait querelles, agressions et autoritarisme. Elle avait intériorisé le penchant des parents à la discrétion, à garder dans la famille ce qui s'y passe parce que cela ne regarde personne d'autre. En réaction à la tante qui avait un penchant pour la boisson, elle développa une aversion pour la consommation abusive d'alcool et éprouvait de l'antipathie pour les hommes soûls chez qui l'alcool déchaîne les pulsions. À ce propos, elle fut profondément marquée par un événement survenu le jour de sa première communion. Sur le chemin du retour, elle rencontra un homme ivre qui essayait de la toucher de façon intrusive. Elle fut si effrayée qu'elle s'enfuit à toute vitesse en retroussant sa robe blanche, et c'est seulement arrivée à la maison qu'elle remarqua qu'elle avait perdu un de ses souliers neufs.

En 1931, en pleine Dépression, Marie quitta l'école. Certes, elle aurait eu la possibilité de suivre la septième classe facultative et aurait aimé le faire, mais elle savait qu'elle devait, comme ses frères et sœurs plus âgés, trouver le plus rapidement possible un emploi pour gagner de l'argent, ce dont la famille avait grand besoin. L'école secondaire n'entrait pas en ligne de compte, tout comme faire un apprentissage pour lequel on aurait dû payer au lieu de recevoir un petit salaire. Marie trouva d'abord une place comme aide à la cuisine dans un hôtel d'Altdorf où elle fit la connaissance de Josy, une fille qui deviendra sa meilleure amie. Puis elle travailla chez une couturière à Zoug et finalement dans une laiterie-fromagerie à Aegeri.

Pendant ces années formatives, elle fit le plein des compétences dont elle aura besoin après son mariage : tenir une maison, faire la cuisine, fabriquer des vêtements, etc. Elle savait qu'elle était bien préparée quand elle se décida à fonder une famille.

Dominik déménage à Schattdorf

À la fin de l'école de recrue mon père prit la responsabilité de la ferme à Schattdorf que grand-père venait d'acheter. Le contrat fut signé le 4 janvier 1929. Le vendeur était l'aubergiste du « Brückli ». Peu de temps avant, il avait perdu sa femme qui lui avait donné une seule fille. Grand-père la connaissait bien, elle était la sœur d'un de ses beaux-fils. Probablement c'est la perspective de ne pas pouvoir transmettre son bien à un héritier mâle qui décida l'aubergiste de mettre le domaine en vente mais de rester propriétaire du restaurant. Le « Brückli » était une affaire florissante.

En réalité, il s'agissait de deux domaines qui changèrent de main, tous les deux bordés au sud par le « Gangbach ». Le premier était formé de pâturages et d'une écurie mitoyenne, le deuxième – plus étendu – de prés et du « Gadenhaus ». Il était coupé en deux par un ruisseau dérivé plus haut du « Gangbach » pour permettre l'établissement d'entreprises artisanales dans le village. L'achat du terrain était assorti de droits particuliers comme celui d'utiliser une cave sous le restaurant et l'eau de la fontaine placée devant la maison. En échange, le propriétaire s'engagea à entretenir les digues protectrices du « Gangbach ». Le prix de vente était fixé à 44'000 francs dont la somme rondelette de 17'000 était payée comptant, le reste couvert par une hypothèque bancaire.

La ferme n'était pas une grosse entreprise, mais elle possédait des avantages indéniables. Le terrain était plat, fertile et facile à travailler. L'herbe suffisait pour nourrir trois vaches et leurs veaux. La superficie de trois hectares égalait celle d'une ferme typique en plaine. En ces temps, c'était assez pour faire vivre une famille moyenne, ceci bien sûr sans les subventions agricoles qui ne furent introduites que plus tard. Il y avait de la place pour un jardin et un champ de pommes de terre, en plus d'un grand nombre d'arbres qui produisaient une quantité appréciable de fruits. Des deux côtés du « Gangbach » poussait une petite forêt de frênes sensée renforcer l'effet protecteur des digues. L'autre ruisseau ne causa jamais d'inondation. Nous adorions patauger dans ses eaux peu profondes et étions ravis par les renoncules qui resplendissaient chaque printemps sur ses berges.

Dominik n'était pas propriétaire, mais seulement gestionnaire de la ferme. Dans une lettre qu'oncle Xaver lui adressa après la vente du domaine en 1970, il évoque le temps « après que notre père défunt ait acheté la terre » : « Pendant quelques années, nous les frères et sœurs l'avons travaillée ensemble avec amour et beaucoup de sueur ». C'était la tradition familiale. On m'a rapporté qu'une tante se souvenait encore comment les enfants Arnold s'étaient rendus ensemble à pied à Schattdorf pour faire les foins. Mais quelqu'un devait rester sur place pour s'occuper du bétail. Cette tâche incomba à Dominik qui était d'accord de déménager. Être investi à vingt ans de la responsabilité d'une petite ferme le remplit certainement de fierté. Qui plus est, il ne se sentit pas seul parce que sa sœur Regina était d'accord de l'accompagner pour s'occuper du ménage. Il y avait aussi toute une branche de la parenté paternelle qui avait élu domicile à Altdorf.

Mais les frères et sœurs Arnold continuèrent à entretenir des rapports étroits et à s'entraider, comme le démontre l'anecdote qu'un cousin m'a relatée. Un jour d'automne quand il était encore petit, son oncle Dominik serait venu aider son père avec d'autres frères à ramasser des feuilles mortes pour la litière. Mais le temps aurait été si mauvais que sa mère lui aurait demandé de fabriquer à la place un petit meuble de cuisine qu'on peut toujours admirer dans la maison. Cette histoire est intéressante parce qu'elle prouve que mon père pratiquait très jeune l'ébénisterie, « sans beaucoup d'outils et pas mal du tout », comme remarqua mon cousin admiratif.

J'ai toujours entendu dire que mon père avait déménagé à Schattdorf parce qu'aucun autre frère ne s'était porté volontaire. Il y a sans doute un grain de vérité là-dedans, mais si l'on examine la chose de plus près on se rend compte que de fait la seule autre personne qui aurait pu prendre la place était son grand frère qui était viscéralement attaché à sa vallée et constituait une aide irremplaçable pour son père vieillissant. Les deux autres frères étaient trop jeunes pour entrer en ligne de compte. Dominik par contre n'était probablement pas rebuté par la perspective de quitter son foyer familial. Cela lui offrait une opportunité en or de mettre en peu de distance entre lui et ses parents. C'était un homme plein de vitalité et de joie de vivre. Quand un joueur de cartes manquait au restaurant « Brückli », on venait le chercher. Farceur, il aimait effrayer deux écolières qui passaient devant la maison. Il était certainement ravi par la liberté que lui donnait l'absence occasionnelle de contrôle parental. C'est surtout son père qu'il jugeait dominant, patriarcal et inflexible. Devenir maître chez soi correspondait à son caractère. Ainsi, il pourrait mener sa vie à sa guise et proposer à d'autres ses talents de menuisier ou de charpentier quand le travail à la ferme le permettait. De cette façon, il pourrait se perfectionner dans le métier que son père l'avait empêché d'apprendre, et se faire une idée de ce qui lui convenait vraiment. Cette approche correspondait à son naturel, c'était un autodidacte né.

Peut-être est-ce en ces moments qu'il commença à se dire qu'il ne resterait certainement pas paysan toute sa vie.

Deux jeunes se rencontrent

Un des rares « secrets » que ma mère ait partagé avec moi concerne sa rencontre avec son mari. C'est grâce à elle que j'ai su que l'entremetteuse involontaire s'appelait Regina, la sœur qui vivait avec son futur époux. J'ignore en quelle année mes parents se sont aperçus pour la première fois, mais je penche pour 1935. Marie avait donc à peine dix-sept ans. Dominik a dû être rapidement convaincu d'avoir trouvé avec elle la femme de sa vie car il n'hésita pas à la présenter à ses parents, peu avant le décès de son père.

Ma mère, qui m'a décrit la scène, a gardé un souvenir mitigé de cette première – et sans doute unique – rencontre avec son beau-père. Elle l'a trouvé alité ou couché devant le fourneau du salon, ce qui semble indiquer qu'il était malade. Au lieu de la saluer, il aurait demandé à son fils sur un ton mécontent : « Qui tu nous amènes là ? » De toute évidence, Marie n'était pas du goût du vieillard. Était-ce son jeune âge qui lui déplut ? Dans sa famille, on ne se mariait pas avec des mineures, on préférait des femmes mûres. Ou étaient-ce ses origines modestes ? Peut-être voulait-il simplement signaler à son fiston qu'il n'était pas prêt à accepter n'importe qui comme belle-fille et que lui, le patriarche, entendait bien faire valoir son droit à dire un mot dans ce choix. La mère aurait demandé, dubitative: « Est-ce qu'elle sait faire la cuisine ? » Marie n'oubliera jamais cette question, un brin désinvolte à ses yeux, parce que sa belle-mère avait certainement beaucoup de qualités mais décidément peu de talents de cuisinière.

En lien avec le manque d'enthousiasme des futurs beaux-parents à son égard, ma mère adopta au début une attitude plutôt distante vis-à-vis de la famille de son époux. Mais elle se montra fermement décidée à prouver que cette méfiance était infondée et à démontrer qu'elle était une épouse capable qui savait parfaitement tenir une maison. Effectivement, elle réussit vite à gagner la considération de toute sa belle-famille qui parlera toujours d'elle avec un respect mêlé même d'admiration.

Dominik était clairement l'agent actif dans la relation. En 1936, sa sœur Regina s'étant mariée, il se retrouva subitement seul sans personne pour s'occuper du ménage. Il mit donc tout en œuvre pour convaincre Marie de prendre le relais.

Notre père avait-il surtout besoin d'une femme pour tenir le ménage ? L'union conjugale de nos parents était-elle une triviale affaire de convenance, ou quand-même une histoire d'amour ? Je trouve la question mal posée. Elle repose sur des conceptions qui ne cadraient pas avec l'air du temps. Par mariage d'amour nous entendons quelque chose qui jadis était peu courant en milieu paysan. Nos parents se sont accordé leur consentement à une époque où les hommes étaient tenus de subvenir aux besoins de leurs épouses. En échange, ils attendaient d'elles une famille dont ils pouvaient être fiers et un foyer bien entretenu. Tous les deux prenaient donc des engagements l'un envers l'autre. On ne se promettait pas l'amour éternel, mais qu'on prendrait soin l'un de l'autre quoiqu'il arrive.

L'aptitude à remplir ces obligations avait clairement la priorité dans le choix du conjoint, d'autant plus que l'union devait durer une vie entière. On considérait que des sentiments étaient une base trop peu solide puisqu'ils manquent souvent de constance. Par ailleurs, les célibataires ne jouissaient pas de la même considération que les personnes mariées. Leur état prouvait que personne ne les avait encore crus aptes à fonder une famille. Rester célibataire n'était en effet que rarement un choix délibéré. Presque tout le monde pensait être mieux loti s'il vivait en couple. Pour toutes ces raisons, se marier était rarement une simple affaire de cœur.

Toutefois, il est évident que Dominik et Marie avaient un peu le béguin l'un pour l'autre. Dominik en tout cas trouva sa fiancée très attirante ce qui remplira Marie de fierté jusque dans ses vieux jours. Ainsi, elle nous a raconté que son frère aîné aurait essayé de convaincre Dominik de choisir une autre sœur plus âgée, plus « mariable » qu'elle, mais notre père lui aurait répondu qu'il n'en était pas question parce qu'il voulait la plus belle. Cette histoire me touche parce qu'elle lui va mal. Il n'était en effet pas quelqu'un qui s'épanchait sur la beauté. Mais il aurait quand-même veillé sur elle avec jalousie, remarquera ma mère.

Quoiqu'il en soit, pour les deux, il était plus important qu'ils se voient mutuellement comme des personnes fiables et travailleuses jouissant d'une bonne réputation. En outre, Dominik était capable de nourrir une famille car il avait réussi à convaincre ses frères et sœurs de lui laisser en héritage la ferme à Schattdorf après le décès du père. Selon une note dans le registre foncier datée du 29 décembre 1936, les héritiers de Dominik Arnold, Getschwiler, s'étaient mis d'accord le 11 novembre pour abandonner le domaine à leur frère Dominik, à partir du premier janvier 1937, pour une valeur de 30'000 francs. Cette somme est largement inférieure au prix d'achat initial. Elle correspond en fait au montant de l'hypothèque qui grevait la ferme, plus un petit pécule que mon père devait payer à sa sœur pour les services de ménagère qu'elle lui avait rendus.

En réglant cette affaire d'héritage, Dominik afficha clairement son intention d'être dorénavant seul maître à bord de son entreprise. Avec cet atout en main, il pouvait demander avec assurance la main de sa promise à ses beaux-parents et convaincre sa fiancée de risquer le pas dans la vie commune.

5

Famille paysanne - famille ouvrière

Enfin une vraie famille

Après son mariage et la lune de miel à Madonna del Sasso, le jeune couple emménagea dans la ferme près du « Brückli », maison qui sera pendant un quart de siècle leur foyer conjugal. Marie s'occupait du ménage et du jardin potager, Dominik du bétail et de la ferme. De temps à autre, il travaillait aussi comme charpentier.

    Le premier enfant se fit attendre deux ans, soit beaucoup trop longtemps à leur avis ! Sans enfant, Marie et Dominik ne se considéraient pas comme une vraie famille. Mais la situation changea le matin du jeudi 18 mai 1939. Ce jour-là, on célébrait la fête de l'Ascension. La procession traditionnelle pour attirer la bénédiction de Dieu sur les champs venait de passer sur la route du Gothard lorsque Marie tint enfin sa première fille dans ses bras. Deux jours plus tard, le bébé fut baptisé à l'église de Schattdorf. Grand-père Josef officia comme parrain, grand-mère Maria comme marraine. Elle s'était fait prêter un chapeau par la logeuse de Regina chez qui elle était descendue, car elle était convaincue qu'à Schattdorf une marraine devait en porter un. Pour une raison obscure, elle insista aussi sur le prénom : Marietta, un diminutif italien de Maria, alors que maman aurait préféré appeler sa fille Annamarie. Mais que voulez-vous, on n'osait pas contredire une belle-mère !

En ces temps-là, la naissance était entourée de croyances et de coutumes dont certaines suscitent de nos jours un hochement de tête incrédule.

Marietta est venue au monde à la maison. L'accouchement à domicile restera encore longtemps la règle à Schattdorf, dans notre famille par exemple jusqu'à ce qu'elle soit au complet. À l'époque, on donnait rarement naissance à l'hôpital, même pour des raisons médicales. Cette option était surtout choisie par des femmes qui n'avaient personne pour les entourer ou qui dépendaient de l'assistance publique. Accoucher à la maison était la norme, un banal événement domestique. La seule personne qui assistait la parturiente était la sage-femme du village qui, en cas de complications, pouvait – dans le meilleur des cas – appeler un médecin. Le risque était porté par la mère et l'enfant, avec des conséquences souvent fatales. Il fallait une bonne dose de chance pour que tout se passe finalement sans problèmes, comme lors de la naissance de Marietta. Maman était encore jeune et la sage-femme expérimentée. Mais tous les accouchements ultérieurs ne seront pas aussi simples.

Pour le baptême, on attendait trois jours au maximum parce que selon la doctrine catholique, un nouveau-né n'entrait pas au paradis s'il mourait avant. Il était condamné à errer éternellement dans les limbes, sorte de zone grise entre le ciel et l'enfer réservée aux âmes exclues du paradis sans faute de leur part. Un tel enfant ne pouvait pas non plus être enterré dans la terre sacrée du cimetière, mais était enseveli à l'extérieur des murs – à moins qu'on ne le cache dans le cercueil d'un défunt ! Ce type d'expérience était traumatique pour les parents chez qui elle engendrait des remords et des sentiments de culpabilité lourds à porter. Comme le baptême était une condition sine qua non pour obtenir le salut éternel, on ne voulait courir aucun risque. Ainsi, les sages-femmes avaient l'autorisation de baptiser un enfant en danger de mort, au besoin dans le ventre maternel.

Un corollaire du baptême précoce était que les mères ne pouvaient y assister pour la simple raison que l'Église catholique considérait que mère et enfant se trouvaient en situation de péché originel. Chez le nouveau-né elle était levée par le baptême, et chez la mère par une bénédiction spéciale après l'accouchement. Celle-ci était largement pratiquée en Europe, pas uniquement par les catholiques. Elle ressemblait au rituel de purification que, dans la tradition ancestrale juive, les femmes devaient subir quarante jours après avoir donné naissance. L'idée que la grossesse rend impur est une caractéristique typique de sociétés patriarcales. Dans l'ancien rite catholique, que Vatican II a remplacé par une bénédiction des parents au moment du baptême, dix jours après la naissance, le prêtre, accompagné par un enfant de chœur, accueille la mère au seuil de l'église avec un cierge allumé, lui place l'étole sur l'épaule, l'asperge d'eau bénite, récite une prière puis l'invite à pénétrer avec lui dans le bâtiment. À partir de ce moment, la mère est de nouveau autorisée à participer à des cérémonies religieuses, à aller à la messe et à communier.

J'imagine aisément les sentiments contradictoires que cet enseignement a pu provoquer chez une femme croyante comme ma mère. Le péché originel est un dogme que le christianisme occidental a repris de St Augustin. Selon lui, il est transmis dans l'acte de procréation. Les femmes ne devaient-elles pas en conclure que c'était le rapport sexuel, qui immanquablement précède la fécondation, qui les « souillait », et qu'il était donc quelque chose d'impur, même s'il était consommé dans le cadre du mariage ? En même temps, il faisait partie des obligations conjugales auxquelles elles n'avaient pas le droit de se soustraire, et elles devaient considérer chaque enfant comme un cadeau du ciel. La foi les mettait là face à une confusion épouvantable !

Mais être en état de péché originel avait aussi un avantage. Aussi longtemps qu'il durait, la mère était tenue de rester à l'intérieur de ses quatre murs. Elle pouvait s'y faire soigner comme accouchée tandis qu'une aide domestique s'occupait du ménage, ce qui fut toujours le cas chez nous. Cette situation procurait une pause bienvenue surtout à des femmes paysannes. En effet on attendait d'elles qu'elles remplissent pleinement leurs tâches au foyer et à la ferme jusqu'au jour de l'accouchement.

Le nouveau-né avait le privilège de reposer dans un « moïse », un berceau capitonné en osier. Le modèle qu'on utilisait dans la région reposait sur un châssis équipé de roulettes entourées de bandages en caoutchouc. La nuit, le berceau était poussé dans la chambre à coucher des parents. Après la seconde guerre mondiale, nous fîmes l'acquisition d'une poussette d'occasion dans laquelle le bébé était promené ou mis à l'air frais.

Pour notre mère, prendre soin de ses petits représentait énormément de travail. Elle donnait le sein aussi longtemps que possible et devait régulièrement laver les couches en tissu blanc. Elle n'avait guère la possibilité de partager ses soucis avec des professionnels de la santé bien qu'il arrivât souvent que l'un ou l'autre fusse souffrant. Le fait qu'elle n'aura malgré tout jamais à déplorer une mort d'enfant, comme cela arrivait à tant d'autres, elle l'attribuera toujours à la bonté divine ou à un ange protecteur particulièrement capable.

Années de guerre mouvementées

1939 fut une année agitée. Au contraire de ce qui se passa pour la première, l'éclatement de la seconde guerre n'était pas une surprise. L'attitude belliqueuse de l'Allemagne nazie n'avait échappé à personne. L'atmosphère était tendue en Suisse. On serra les rangs, on s'encouragea mutuellement et on scella l'union patriotique au travers de l'Exposition Nationale à Zurich. Le premier septembre 1939 à l'aube, l'armée allemande envahit la Pologne, ce qui incita le Conseil Fédéral à proclamer la mobilisation générale. Le 3 septembre, la Grande-Bretagne et la France déclarèrent la guerre à l'Allemagne. La seconde guerre mondiale était devenue réalité.

Pour mes parents, elle représentait un événement bouleversant, qui chamboulait leur partage traditionnel des rôles. Une rude épreuve, avant tout pour ma mère, qui était sollicitée à l'extrême. Non seulement elle devra assumer les conséquences de plusieurs grossesses qui, en l'espace de quelques années, doublèrent la taille de la famille, très souvent elle aura aussi à gérer la ferme. L'expérience laissera des traces dans sa personnalité et influencera notablement l'évolution de la famille. Peut-être était-ce durant ces années qu'elle fut pour la première fois confrontée à certains traits de caractère de son époux, traits qu'elle aura de la peine à accepter. De plus, son mari ne se montra pas particulièrement reconnaissant pour le travail extraordinaire qu'elle fournit durant cette période.

Mais lui aussi sera marqué par l'expérience de la guerre. Le 2 septembre tous les hommes aptes à servir furent appelés à se rendre à neuf heures du matin au lieu de rassemblement de la troupe, pleinement équipés pour une campagne militaire. Le ciel était gris, il avait la couleur d'une pierre tombale, lit-on dans un témoignage de l'époque. Au début de l'après-midi, le bataillon prêta serment sur la place du village de Göschenen devant le commandant et le représentant du gouvernement uranais. Les soldats reçurent l'ordre de ne jamais dévoiler à quiconque leur lieu de séjour !

Dominik était évidemment aussi concerné par l'ordre de marche. Il n'avait que trente ans. Au début de la guerre, les conscrits ne pensaient pas rester loin longtemps. Les paysans en particulier n'avaient pas quitté leur ferme d'un cœur léger parce que la mobilisation empiétait sur les regains. Mais la guerre entraînera des périodes d'absence prolongées : en tout deux années en moyenne. Pour cette raison, beaucoup de soldats vivaient le service actif comme une calamité. Le moral de la troupe était très médiocre. Je pense que mon père partageait cet état d'esprit. Il était un simple soldat qui accomplissait son service par devoir. Je ne l'ai jamais entendu parler avec exaltation du temps passé à protéger les frontières. J'ignore où il fut stationné et pendant combien de temps. La première mobilisation prit fin après deux mois, mais la deuxième qui débuta en décembre 1939 dura presque une année, et en 1943, une autre s'étendra de septembre à novembre. S'y ajoutèrent d'autres convocations moins longues, une semaine par-ci ou deux par-là, jusqu'au 8 mai 1945 quand les cloches des églises annoncèrent enfin la fin des hostilités.

Comment mon père a-t-il vécu ces séjours forcés dans un univers presque exclusivement masculin ? Peut-être appréciait-il la camaraderie de la troupe ? Je pense qu'il aimait faire la connaissance d'autres régions de la Suisse. Parfois, des séances de cinéma étaient organisées pour les soldats, et une fois, ceux-ci passèrent une après-midi au cirque. Mais dans l'ensemble, il s'est vraisemblablement beaucoup ennuyé. Il n'aimait pas perdre son temps à attendre les bras croisés, ce qui devait arriver souvent, ou exécuter des ordres qui ne faisait pas de sens pour lui. Je suppose qu'il ne vivait pas non plus sans alcool même si la maigre solde n'autorisait pas d'excès.

Sur une photo prise devant notre maison pendant un congé militaire, Dominik pose d'un air négligeant. Le trente-

Mon père tout à gauche pendant la guerre

naire fixe l'appareil de façon désinvolte, les bras dans le dos et en débardeur, pantalon de travail avec bretelles et chaussures grossières, visiblement à l'aise avec les soldats et les deux jeunes femmes qui l'entourent. Mais était-il toujours aussi insouciant ? Un épisode que son épouse n'oubliera jamais indique le contraire. Une jeune femme qu'elle employait comme domestique aurait essayé pendant des semaines de l'amadouer pour qu'elle l'accompagne au bal de kermesse du village voisin. Pour finir, elle aurait cédé devant son insistance, pensant qu'un petit divertissement lui ferait du bien. Son époux par contre ne le prit pas ainsi. À peine rentré à la maison, il lui aurait vivement reproché cet écart inconvenant, blâme qui la blessa profondément au point que la plaie ne se refermera pas toute sa vie. Elle y voyait un accès de méfiance et de jalousie totalement infondé. Elle n'était consciente d'aucune faute parce que son éducation lui avait appris à se comporter de manière irréprochable. Son mari souffrait-il de savoir sa jolie jeune femme seule à la maison ou détestait-il simplement d'avoir été l'objet de racontars ?

Quoiqu'il en soit, la ferme devait continuer à tourner. La survie matérielle de la famille en dépendait. Marie n'avait donc pas d'autre choix que d'en assumer la gestion et de mettre vigoureusement la main à la pâte. 1940 fut une année particulièrement exigeante. La petite Marietta avait à peine un an et

Vreni et Sepp en hiver

Les quatre aînés Sepp, Vreni, Martin et Marietta

sa mère était de nouveau enceinte. Mais il fallait tout de même s'occuper du bétail, faucher les prés, engranger le foin et faire le jardin, évidemment tout à la main. Performance extraordinaire pour une si jeune femme, même si elle pouvait compter sur du renfort. Tous cependant ne proposèrent pas leur aide sans arrière-pensée. Maman s'indignera notamment sur les propositions explicites qu'un voisin, en plus un élu local, lui avait faites en contrepartie de son assistance. L'inquiétude de son mari à la savoir seule n'était donc pas complètement irrationnelle.

Ma mère était convaincue que les efforts considérables consentis durant cette période étaient responsables de l'accouchement difficile de son premier fils en décembre 1940. Très tôt déjà, l'enfant aurait violemment bougé dans son ventre. En plus, il était très lourd – il pesait plus de cinq kilos –, de sorte qu'elle fut gravement déchirée intérieurement lors de l'expulsion. Elle dût en tout cas attendre longtemps avant de pouvoir se rendre à l'église pour la bénédiction. Le jour de naissance, il était tombé tellement de neige que la cousine de notre père qui devait s'occuper du ménage arriva avec beaucoup de retard. Trois jours après, on baptisa le petit du nom de Josef. Pour nous il était simplement Sepp. Tout petit, on dut l'amener à l'hôpital pour soigner ses canaux lacrymaux. Sepp raconte avoir été un enfant hyperactif.

Malgré ces expériences éprouvantes, la famille continua à s'agrandir. Un an et demi plus tard, maman accoucha d'une deuxième fille. La naissance de Verena, ou Vreni, comme nous l'appelions, se passa de nouveau sans problème. Maman lui dira qu'elle avait été la plus simple. La mobilisation en automne 1943, par contre, s'avéra une fois de plus problématique parce notre mère attendait son quatrième enfant. Notre père était probablement absent quand elle donna naissance à Martin. Il reçut ce prénom parce qu'il était né le jour de la St Martin.

Ainsi, en l'espace de quatre ans et demi seulement, la famille s'était agrandie de quatre enfants, en pleine période de guerre ! Une énorme charge pour ma mère. Certes, elle était habituée depuis toute petite à travailler, mais même pour elle, ce n'était pas une mince affaire de nourrir son monde comme il faut, de l'habiller convenablement, de l'aider à surmonter les maladies infantiles et de lui donner l'attention maternelle dont il avait besoin. Elle le fit avec dévouement et documenta les progrès de ses petits en les prenant souvent en photo avec un appareil prêté par une de ses sœurs. Les quatre petits frères et sœurs qu'on y voit ont l'air très content et sont vêtus presque élégamment.

Le temps de guerre s'accompagnait de restrictions et de sacrifices. Personne n'était vraiment dans le besoin à cause d'elle, mais la peur que l'horrible conflit puisse déborder sur la Suisse pesait sur tous les esprits.

Malgré leur très jeune âge, mes trois plus grands frère et sœurs étaient conscients que c'étaient des années compliquées. Quelques détails sont restés gravés dans leur mémoire. Marietta par exemple dit qu'elle se souvient que notre père faisait beaucoup de service militaire, et « comment il rentrait à la maison… ». Selon elle, l'auberge du « Brückli » était remplie de soldats et d'officiers, mais les soldats étaient obligés de faire la popote en plein air. Elle et Vreni se rappellent qu'on était tenu d'obscurcir les fenêtres pendant la nuit pour ne laisser filtrer aucune lumière afin de désorienter les avions ennemis. Il y avait aussi les coupons de rationnement, indispensables pour faire des achats, que Sepp devait aller chercher à la commune. Ils portaient pratiquement sur toutes les marchandises, des vivres jusqu'au carburant en passant par le textile ou les chaussures. La mesure ne fut levée que progressivement après la guerre, l'accès à certains biens resta limité jusqu'en juillet 1948.

Et puis il y avait le fameux « plan Wahlen » qui obligeait la population à cultiver le moindre lopin de terre pour assurer à la Suisse un haut degré d'auto-approvisionnement. Cette mesure était très impopulaire à Uri parce qu'on y avait abandonné l'agriculture depuis belle lurette. On manquait donc cruellement de charrues et de chevaux pour labourer la terre. Nous cultivions quand-même un peu de maïs sur notre ferme. Marietta se souvient aussi d'une rangée de tabac. Mais selon elle, elle n'était certainement pas imposée mais voulue par notre père qui était un fumeur invétéré. Il appréciait notamment les cigares, en particulier les courts appelés « stump » et les effilés tordus en provenance de Brissago. Marietta pense qu'il avait obtenu les semences d'un Fribourgeois qui travaillait à l'usine de munition et logeait chez nous. « Je vois encore aujourd'hui les feuilles de tabac suspendues sous l'auvent », dit-elle.

Un autre événement survenu pendant la guerre ne doit pas manquer dans mon récit car il toucha profondément ma mère. Elle nous l'a raconté à maintes reprises parce qu'elle y avait personnellement assisté. Le 23 juillet 1942, son père quitta ce monde. Sa mort était attendue. Josef Imhof était depuis longtemps marqué par la maladie et incapable de travailler. Mais père et fille avaient entretenus une relation très étroite. Quelques heures avant qu'il ne décède, Marie crut entendre ses pas dans l'escalier d'entrée. Elle ne démordra jamais de sa conviction que son père lui avait ainsi « annoncé » son départ imminent. Elle se rendit en toute hâte au « Kleinried » pour être auprès de lui pendant ses dernières heures. Son père lui aurait alors confié sous le sceau du secret qu'elle avait toujours été son enfant préféré. Elle gardera cette confidence pour elle jusque peu avant sa mort. Elle n'en aurait parlé sous aucun prétexte, ne serait-ce que par égard pour ses frères et sœurs.

La mort de son père était un coup terrible pour elle parce qu'elle perdait son modèle et son confident.

Ouvrier de chantier et menuisier à ses heures

Pendant toute la guerre, la ferme constitua la base de subsistance de la famille. Mais de tous les frères et sœurs, Marietta est la seule à se souvenir de notre père en tant que paysan. Si elle s'en rappelait correctement, dit-t-elle, elle le voyait encore livrer le lait à la laiterie. Peut-être qu'elle aurait même pu l'accompagner une fois sur son vélo. Elle aurait aussi passé pas mal de temps avec lui à l'étable.

Cette période de sa vie touchait à sa fin. À peine la

guerre terminée Dominik commença à se faire à l'idée de laisser tomber le gagne-pain qu'il avait reçu en héritage. Le temps passé à l'armée semble avoir servi de déclencheur. Il avait encore suffisamment d'énergie pour prendre le risque de mettre la ferme en location et de construire une nouvelle existence, il n'avait pas encore quarante ans. En outre, il était encouragé par l'ambiance générale de l'après-guerre qui promut progressivement une époque de croissance économique sans précédent. L'économie du canton était en pleine reprise et les emplois se diversifiaient. À partir des années cinquante, une prospérité générale se manifesta dont bénéficiaient de plus en plus de gens. Sur le plan politique, on put enfin réaliser des réformes sociales que des milieux influents avaient encore combattues avant la guerre. L'exemple le plus illustre est l'adoption, votée par le peuple en 1947, de l'Assurance Vieillesse et Survivants (AVS), mère de toutes les assurances sociales en Suisse. Au début des années cinquante, le gouvernement suisse décida aussi de soutenir la modernisation de l'agriculture par diverses mesures, en particulier par l'introduction de subventions massives.

Toutefois, pour mon père, la nouvelle loi sur l'agriculture n'aurait rien changé. C'est bien avant, probablement en 1946, qu'il tourna la page de son existence paysanne. Quand j'étais petit, j'ai souvent entendu dire qu'il l'avait fait parce qu'il s'était rendu à l'évidence que trois vaches ne suffisaient plus à nourrir la famille, qui depuis peu comptait cinq enfants ; par ma « faute », puisque je suis venu agrandir la ribambelle en octobre 1945 ! Chaque fois qu'on racontait cette histoire, je ressentais en moi une sorte de fierté mêlée d'effroi : c'était précisément mon arrivée qui avait joué le rôle de Destinée. Mais en vérité, j'y étais probablement pour peu de choses, la décision serait fatalement tombée. Mon père était simplement las de rester paysan, il n'avait plus le feu, pour autant qu'il ne l'ait jamais eu.

D'ailleurs, le changement se fit probablement par étapes, avec une période de transition pendant laquelle il continua à s'occuper de la ferme à temps partiel. Toutefois, plus personne ne se souvient avec précision comment les choses se sont passées. Il semble que, dans un premier temps, notre père se soit contenté d'engager quelqu'un pour s'occuper des foins. Puis suivaient deux ou trois tenanciers, avant que finalement l'oncle Xaver prenne le relais en 1952. Au début, il habitait chez nous, partageant le lit de Sepp, ce qui ne convenait ni à l'un ni à l'autre. Finalement, il trouva un logement juste à côté, chez une cousine.

Selon Marietta, notre père aurait d'abord postulé à l'usine de munition fédérale d'Altdorf, employeur chez qui il pouvait espérer trouver de bonnes conditions de travail. Mais s'il l'a fait, il s'est vite rendu à l'évidence que sa candidature n'avait aucune chance d'aboutir. Dans l'industrie d'armement l'heure était au licenciement, pas au recrutement.

Dans le bâtiment par contre, un secteur en plein essor, ses chances d'être engagé étaient plus réalistes vu son expérience de charpentier-menuisier amateur. Il s'engagea donc chez une connaissance du village, lui aussi paysan émigré du Schächental, qui complétait son maigre revenu agricole par des travaux de maçonnerie. Il ne possédait pas à proprement parler une entreprise, son seul moyen de transport, par exemple, était une charrette. Mais ce type d'employeur devait parfaitement convenir à mon père. Il le connaissait bien par ses activités occasionnelles d'avant-guerre. Malheureusement ce patron décéda en 1950. Le fils qui lui succéda était d'un autre calibre, entrepreneur vif et spéculateur intrépide qui sut pleinement exploiter la conjoncture économique émergente pour transformer l'affaire artisanale de son père en une des plus grandes entreprises du bâtiment du canton. Les années cinquante étaient effectivement caractérisées par un développement sans précédent du secteur de la construction. Les chantiers se multipliaient, tous plus imposants les uns que les autres. La fièvre de la « houille blanche », notamment, qui sévissait dans les régions alpines, où se multipliaient les chantiers de barrages hydrauliques, avait aussi atteint Uri.

Cette nouvelle donne ne resta pas sans impact sur la vie active de mon père. Fini pour lui le travail dans une petite structure informelle fonctionnant comme une famille ! L'absence de formation professionnelle jouera désormais en sa défaveur. Il fera partie de la main d'œuvre non-qualifiée qu'on employait, non pas à cause d'un savoir-faire spécifique, mais pour exécuter les travaux réservés aux manœuvres : creuser des fossés à la pioche et à la pelle, mixer le béton, transporter des matériaux à la force des bras, etc. Certes, papa avait entre autre la responsabilité d'installer et d'entretenir des baraquements, et parfois il travaillait à l'atelier de menuiserie de la firme. Mais je sais que souvent il n'était rien d'autre qu'un simple ouvrier de chantier.

Cette sorte d'emploi l'atteignit dans son amour-propre, car il était fier de ses compétences dans le travail du bois. C'est à ce moment-là qu'il commença sans doute à s'en prendre au destin – et à son père ! – en imaginant quel meilleur sort il aurait connu s'il on lui avait permis d'apprendre un métier artisanal au lieu de l'obliger à devenir paysan.

J'ignore comment papa a personnellement vécu sa vie sur les chantiers. D'un naturel plutôt renfermé, il n'en a guère parlé. Il n'était pas habitué à exprimer ce qui se passait en lui, surtout s'il s'agissait de choses qui, selon lui, faisaient simplement partie de son devoir. Or, c'était exactement ce dont il est question. Son emploi d'ouvrier, il l'exerçait par devoir de père nourricier. C'était son rôle, inutile d'en parler en long et en large et de s'en plaindre, même s'il touchait ses limites. Je doute cependant que mon père se soit imaginé ainsi son nouvel emploi.

Il n'était en tout cas pas habitué à être un simple exécutant. Comme paysan, il avait pu lui-même organiser sa journée de travail. Par ailleurs, les ouvriers de chantier sans qualification jouissaient d'une considération sociale assez médiocre. Leur vie était pénible. La semaine de travail comprenait cinquante-cinq heures, dix heures par jour du lundi au vendredi et cinq heures le samedi matin. Les vacances payées étaient inconnues. On travaillait souvent à l'extérieur, exposé aux intempéries. La plupart du temps, on effectuait un dur labeur, avec des moyens très simples et sans machines. Si nécessaire on bossait jour et nuit sans interruption.

En outre, le travail était dangereux. À la fin des années cinquante, mon père fut victime de deux accidents qui le forcèrent à rester plusieurs semaines à la maison. Vraisemblablement en était-il pour une part personnellement responsable parce que sur les chantiers, les ouvriers étanchaient leur soif non pas avec de l'eau, mais avec de la bière ou du cidre fermenté. On n'avait donc forcément plus le pas très assuré en fin de journée. Et malgré toutes ces difficultés, les salaires étaient maigres. Marietta pense que parfois la paie bihebdomadaire de notre père se montait à moins de deux cents francs. Au début des années soixante, il touchait probablement un peu plus, mais il n'a certainement jamais gagné plus de sept cents francs par mois.

À la longue, la dépense d'énergie consentie finit fatalement par user papa. Il avait une constitution de fer, un corps mince et nerveux sans graisse superflue, mais il n'était pas un gros gaillard aux ressources inépuisables.

Très probablement n'a-t-il donc pas trouvé dans son emploi salarié la considération professionnelle et la satisfaction financière espérées, mais il s'octroya une compensation dans une activité qui en fit un artisan estimé. Dans la buanderie de la ferme il avait installé un petit atelier de menuiserie dans lequel il se retirait régulièrement le soir et les samedis après-midi pour effectuer des travaux commandés par des clients. L'atelier était modestement équipé : établi, scies, rabots, limes, ciseaux à bois, etc., mais il n'avait pas besoin de plus. Sa spécialité était de fabriquer des fenêtres sur mesure et de réparer des vitres cassées, sans machine, il n'en possédait aucune. Quand des années plus tard j'eus l'occasion d'observer un menuisier dans un village africain, il me rappela mon père qui travaillait comme lui. Parce qu'il était habile, serviable, fiable et peu cher, papa se transforma au fil du temps en menuisier du village. Tous ceux qui avaient quelque chose à fabriquer ou à réparer pensaient d'abord à lui. Il a ainsi travaillé pour le village entier.

La famille s'agrandit encore

Le salaire modeste de notre père aurait suffi si la famille n'avait pas continué à s'agrandir après la guerre. De plus, les enfants avançaient en âge, ce qui logiquement entraînait des dépenses supplémentaires.

Avril 1947 vit l'arrivée d'une troisième fille. Elle fut baptisée Johanna en référence à Jeanne d'Arc, une des saintes patronnes de la France. J'aimerais bien savoir qui a eu cette idée insolite, la pucelle d'Orléans ne devait pas avoir beaucoup d'admirateurs à Uri. Dans la famille, le prénom se mua simplement en Hanni. L'été 1947 fut très chaud et beau, raison pour laquelle la petite passait beaucoup d'heures en plein air dans la poussette récemment acquise. « Ainsi, dès le début, j'ai pu faire le plein de soleil. On dit en tout cas que j'étais une enfant très gaie », raconte ma sœur.

Une année plus tard, début juin 1948, ce fut au tour d'une quatrième fille de venir élargir le cercle familial – sept

Hanni dans la poussette, entourée de ses frères et sœurs. Je suis le petit à gauche. La mèche noire dans mes cheveux blonds sera mon signe distinctif pendant l'enfance.

enfants en tout juste neuf ans ! Gertrud ou Trudi, comme nous appelions la petite, avait apparemment hâte de venir au monde, elle arriva trois semaines avant terme et ne pesait que sept livres. Chez nous, aucun nouveau-né ne sera plus léger qu'elle. Juste avant la naissance, le temps changea brusquement. Les jours précédents, le soleil était au rendez-vous, tout le monde s'empressait de faire les foins, quand subitement, pendant la nuit, la neige se mit à tomber à basse altitude. La veille de l'accouchement, papa fit les à-fonds de la cuisine, un geste fort rare de sa part. La perspective de devenir une nouvelle fois père le remplissait apparemment de plaisir. Trudi dit qu'il avait un faible pour elle. Pendant plus de quatre ans, elle restera le petit poussin de la famille.

Aux dires de ma mère, Paul, le garçon numéro quatre qui suivra en octobre 1952, était de nouveau un « poids lourd », peut-être le plus lourd de tous. À la pesée, la balance montait joyeusement au-dessus de dix livres. Paul était un enfant sage et introverti. Le neuvième dans la ronde fut également un garçon, prénommé Franz. Il était un bébé souffreteux qui avait de la peine à respirer et vomissait fréquemment, peut-être en lien avec une inflammation des seins que maman avait contractée pendant l'allaitement.

Cependant, la famille n'était pas encore au complet. En novembre 1956, notre mère donna naissance à sa cinquième et dernière fille : Agnes. Elle fut une enfant vive et drôle qui sut marcher avant l'âge de dix mois. Comme elle était petite, elle parvenait à trottiner sous la table du salon sans se heurter la tête.

Tout le monde s'attendait à ce qu'elle soit la benjamine, d'autant plus que pendant plus de quatre ans, la situation ne changera pas, jusqu'au jour où la nouvelle tomba comme un éclair dans un ciel bleu : notre mère était encore une fois enceinte ! Elle ne s'y attendait pas du tout et avait un mal fou à s'y faire. Le dernier accouchement en février 1961 sera finalement le plus compliqué, naissance par le siège et au forceps. Une dernière fois, maman n'avait pas fait dans la demi-mesure. Le garçon qu'elle mit au monde pesait, lui aussi, dix livres ! Fort heureusement, pour la première fois, un médecin était présent. Après la délivrance, il admonesta sévèrement notre père, l'enjoignant de maîtriser enfin ses pulsions sexuelles ! De toute évidence, ni les parents ni le médecin n'imaginaient d'autre moyen de contraception que l'abstinence. En Suisse centrale, jusque dans les années soixante-dix, le contrôle des naissances était considéré comme une pratique répréhensible, et l'Église catholique n'admet toujours que la méthode peu fiable dite d'Ogino et Knauss.

Mes deux sœurs aînées qui étaient à la maison le jour de l'accouchement ont été fortement ébranlées par ce qu'elles entendaient. Maman avait frôlé la mort, elle avait lutté pendant des heures et poussé des cris stridents. Toutes les deux pensèrent spontanément : « Si c'est ainsi qu'on met au monde les enfants, ce sera sans moi ! »

Avec Markus, la famille avait enfin atteint sa taille définitive.

Ainsi donc, en vingt-deux ans, maman avait donné vie à onze enfants en bonne santé. Tous étaient les bienvenus, elle n'aurait aimé renoncer à aucun d'eux, affirmera-t-elle sans cesse. Mais certains membres de la fratrie admettent qu'ils n'ont pas accueilli chaque nouveau-né avec une joie débordante ; au début oui, mais après le septième, ils auraient commencé à se demander « si cela était vraiment nécessaire ».

D'autant plus que pour eux, les accouchements arrivaient toujours par surprise. Même ma sœur aînée ne se rendit compte qu'au dixième que maman était enceinte. Cela se comprend parce que dans nos milieux on attendait de la mère qu'elle dissimule discrètement ses grossesses aussi longtemps que possible. À part le mari, personne n'était censé être au courant, même pas ses propres enfants. De nos jours, un tel comportement paraît inconcevable. Chaque nouvelle grossesse est une fête et affichée publiquement. On prend soin de préparer les enfants qui sont déjà là au fait qu'ils auront bientôt un petit frère ou une petite sœur. On les laisse se blottir contre le ventre de leur maman pour écouter les battements du cœur du fœtus ou détecter ses mouvements dans l'utérus. Par ces gestes, on veut minimiser chez eux le sentiment de « détrônement » qui peut survenir après la naissance parce que le nouveau-né les évince immanquablement pour un temps du centre d'attention des parents.

Mais en vérité n'aurions-nous pas pu être plus que onze ? Est-ce que maman a subi une fois une fausse couche ou donné naissance à un enfant mort-né ? C'est possible, mais si c'est arrivé, le secret restera à jamais entier. Notre mère l'aura emporté dans sa tombe. Hanni raconte en tout cas que maman lui avait dit une fois en passant qu'en fait nous aurions été douze. À la question de Markus qui lui demandait s'il lui était arrivé la même chose qu'à sa femme qui a perdu deux bébés avant la naissance, elle répondit par la négative. Marietta suspecte qu'il s'est passé quelque chose entre la naissance de Trudi et celle de Paul. Un beau jour, maman l'aurait envoyée chez une femme qui s'occupait occasionnellement du ménage des accouchées pour la prier de venir chez nous. Elle serait restée quelques jours, « mais il n'y a pas eu d'enfant ». Il est donc imaginable que pendant ce temps maman ait mis au monde un bébé mort in utero avant d'avoir reçu le baptême, ce qui la traumatisa tellement qu'elle ne pouvait supporter l'événement qu'en l'enfouissant dans son inconscient. Il ne nous resterait à présent rien d'autre que de pleurer sur la monstruosité que sa foi catholique lui a fait endurer.

    Maman avait à cœur de garder un souvenir de chaque nouveau-né en le fixant sur la pellicule, de préférence avec d'autres membres de la famille. Une photo de ce type un peu froissée me plaît tout particulièrement. Elle montre la petite Hanni quelques jours après sa naissance dans les bras de l'aide qui s'occupait temporairement de notre ménage. Habillée tout en blanc, celle-ci ressemble à une infirmière, ses lunettes et son bonnet de nurse lui donnent un air docte, adouci par le léger sourire qu'on devine sur ses lèvres. Le blondinet bouclé un peu timide à qui elle donne la main n'est pas une fille, comme on pourrait le penser, c'est moi. Si je porte une robe, c'est parce que c'est ainsi qu'on habillait à l'époque les petits garçons. J'ai tout juste un an et demi. L'autre garçon, celui avec le crâne rasé, est mon frère Martin. Lui a déjà droit à la culotte, il a

Hanni peu de temps après sa naissance

deux ans de plus que moi. Mais son regard et sa posture expriment une légère gêne. Est-ce à cause de sa coupe de cheveux insolite qu'on lui a infligée après sa tentative ratée d'être son propre coiffeur ? La fille derrière moi est ma sœur Vreni. Elle a juste cinq ans et ressemble à un petit ange, le regard tourné au loin, comme si elle se désintéressait de ce qui se passait autour d'elle. Les deux grands de la fratrie manquent.

Marietta et Sepp ont raté cette séance de photo parce qu'ils étaient à l'école, mais leurs souvenirs d'après-guerre, complétés par ceux de mes autres frères et sœurs aînés, sont bien présents dans ce livre. L'image qui s'en dégage pour moi est une période spécialement dure pour mon père et ma mère, en particulier les années cinquante, années pendant lesquelles ils ont rarement eu l'impression que les choses allaient mieux. Ils étaient confrontés à une impasse financière sévère dont ils désespéraient pouvoir se sortir un jour.

6
Ensemble dans la veille ferme

Il était notre « papa »

Nous n'appelions jamais notre père par son prénom, ce n'était pas d'usage. Pour nous il était notre « papa ». Cette appellation laisse deviner la tendresse que nous éprouvions pour lui. Certes, nous ne l'exprimions pas aussi ostensiblement qu'on le fait maintenant. Les gestes d'affection étaient rares, nous lui donnions la main, c'était le seul contact physique entre nous. De prime abord, papa était difficile d'approche, mais au fond il était très sociable. Au village il jouissait d'une excellente réputation sans n'avoir pourtant jamais exercé une fonction publique. Pour tout le monde, nous étions sans façon « ceux de Dominik », ce nom nous honorait. Tout compte fait, papa était d'un naturel assez joyeux, il adorait jouer aux cartes – aussi longtemps qu'il ne perdait pas – et aimait participer au carnaval. Il lui arriva une fois de mimer une jacasse sur un char du cortège.

À la maison, il n'adoptait pas de posture d'autorité inspirant la crainte. Il ne nous traitait pas avec rudesse, ni nous injuriait ou nous battait. Parfois il agissait même comme un époux moderne. La plupart du temps, c'est lui qui préparait le repas de midi du dimanche, ce qui était inhabituel pour un mari. Certes, il cuisinait toujours la même chose, un rôti avec de la purée de pommes de terre et parfois des carottes et petits pois en conserve. Nous ne l'en admirions pas moins, tout le monde se souvient de ce geste. Notre mère pouvait ainsi aller en toute quiétude à la messe de dix heures, alors que papa assistait à la grand-messe de neuf heures, toujours à la même place près de la porte de sortie pour pouvoir rentrer immédiatement après la bénédiction. Pendant la semaine, il allumait le feu à la cuisine et l'hiver, aussi dans le fourneau du salon, puis il préparait le café qu'il mettait au chaud avant de se rendre au travail.

La haute opinion que nous avions de lui était renforcée par le fait qu'il était capable de travailler jusqu'à l'épuisement et fabriquer un tas de choses avec ses mains. Sepp, Martin et moi en étions les témoins admiratifs. Chacun de nous se souvient avec précision l'avoir observé dans son atelier. Martin dit qu'il peut encore sentir les relents de la colle utilisée, il est d'ailleurs lui-même devenu menuisier. Notre père nous émerveillait par son adresse. Chez lui, le travail manuel avait quelque chose de noble, d'artistique. Il avait l'œil et n'avait pas besoin de plans. Le souvenir de mon père à l'ouvrage est resté profondément ancré en moi. Qu'il ait osé se lancer dans un métier sans en avoir fait l'apprentissage m'impressionnait. « C'est à l'usage qu'on peut juger de la qualité d'une chose », était sa philosophie.

Nous chérissions spontanément notre père comme font les enfants, parce que nous savions ce qu'il représentait pour nous. Sepp l'exprime tout simplement ainsi : « Pour moi, mon père restera toujours mon père. Il a pris soin de nous, nous avions à manger, un foyer, tout fonctionnait sans anicroche. Nous n'attendions pas plus de lui, nous n'avions certes pas beaucoup d'argent, mais il était durement gagné ».

Une fois, papa a même sauvé une vie. S'il n'était pas intervenu à temps, mon frère Martin ne serait plus parmi nous. Chaque année, nous récoltions un tas de pommes et de poires. Les fruits ramassés par terre étaient acheminés chez un voisin qui possédait un pressoir manuel. Ce que papa, Martin et moi fîmes un jour de septembre 1952. Une fois le moût pressé, notre père nous demanda d'aider le valet un peu simplet du voisin à vider le pressoir en pelletant le marc dans un grand tonneau à moitié plein, pendant que lui-même allait payer le propriétaire. Pour faire de la place, le valet ordonna alors à Martin de descendre dans le foudre pour tasser avec ses pieds le marc qui s'y trouvait. Martin n'y rechigna pas, il était petit et agile. Mais les vapeurs d'alcool l'étourdirent immédiatement. Heureusement, notre père arriva à temps pour le sortir inconscient de cette situation dramatique. « Lorsque je revins à moi, je vis dans ma confusion des musiciens marcher à côté de papa. Peut-être étaient-ce mes anges gardiens », raconte mon frère.

Pendant les dix à quinze premières années de son mariage, notre père entreprit de petites excursions avec ses enfants. Mais avec le temps, ces heures intimes en sa compagnie se sont raréfiées. Hanni dit que les seuls jours où elle le sentait vraiment proche de lui étaient quand il l'accompagnait chez sa marraine, sa sœur à lui, chez qui elle passait habituellement ses vacances d'été. À chaque fois, il était complètement détendu et aurait préféré rester le soir. « Sinon, je n'avais pas de relations avec lui pendant mon enfance, je ne sais pas s'il en avait une avec nous. » Elle n'en dit pas plus.

De toute évidence, son changement de profession constituait un événement significatif qui, subrepticement, finit par altérer la personnalité de notre père et sa place dans la famille. Depuis qu'il gagnait sa vie comme salarié, il ne passait plus sa journée près de nous, comme il l'avait fait du temps où il était paysan. Parfois il rentrait à la maison pendant la pause d'une heure à midi pour manger avec nous, pour immédiatement retourner au travail sur sa vieille bécane équipée de freins à rétropédalage.

Mais, de plus en plus, les chantiers étaient si éloignés que papa était obligé de rester sur place pendant toute la semaine et dormir dans un baraquement. Les ouvriers passaient la soirée à jouer aux cartes et à boire. Quand il rentrait le samedi après-midi, il était fatigué et voulait avoir la paix. Nos cris le dérangeaient. Cette attitude nous troublait et nous effrayait, nous ne voulions pas être perçus par lui comme des fauteurs de trouble. Une usure progressive de ses forces physiques et émotionnelles s'empara de lui. Il chercha plus souvent la consolation dans la bouteille. Il parvenait de moins en moins à offrir aux siens l'attention dont ils avaient besoin. Comme si nous étions pour lui la charge de trop ! Il se réfugiait dans son atelier ou allait exécuter une commande chez un client. Dimanche, après le déjeuner, il avait besoin de faire la sieste. Pour le laisser dormir tranquille, nous allions jouer dehors ou faire une promenade avec maman. Bien sûr, il ne se retira pas complètement de notre vie, mais presque entièrement de notre éducation qu'il délégua à sa femme.

Quel effet cette attitude a-t-elle eu sur nous ? Est-ce que tous l'ont vécue avec la même intensité ? Quelques frères et sœurs trouvent que nous avons certes eu un bon père, quoique très distant, plus absent que présent. Quand je m'écoute, j'ai aussi parfois l'impression qu'il me manquait. Mais je ne suis pas certain que ce sentiment était déjà présent quand j'étais petit. Le comportement de mon père n'avait rien d'anormal dans la région. Je connaissais beaucoup d'autres familles dans lesquelles les choses se passaient de la même façon.

Parfois elle désespérait presque

Dans ces conditions, notre mère n'avait d'autre choix que d'assumer le rôle de chef effectif de la communauté familiale. Elle était la femme forte cachée derrière son époux qui en assurait la cohésion et veillait à la bonne marche des affaires. Nous, les enfants, en étions parfaitement conscients. Nous avons grandi avec elle, elle était autour de nous du matin au soir, nous ne pouvions l'éviter et étions forcés de lui obéir. Évidemment nous les tutoyions, elle et notre père, comme c'était maintenant la coutume. Nous l'appelions « maman », un mot qui exprime sans exubérance ce que nous éprouvions profondément pour elle : affection, familiarité, sentiments chaleureux. Plus tard, après avoir fondé nos propres foyers, s'y ajoutèrent l'admiration et une considération sans faille pour tout ce qu'elle a réalisé. Elle a trimé toute sa vie, besogneuse comme pas une! Certes, elle était encore dans la force de l'âge et habituée à travailler. Mais toutes les connaissances louaient sa gestion exemplaire du ménage et sa manière de s'occuper de sa famille.

Lorsque nous étions enfants, nous le prenions pour un dû, mais avec le recul nous nous étonnons qu'elle y soit parvenue et nous nous demandons si nous aurions été capables de l'imiter. De toute évidence, Marie avait été à bonne école lors de ses années formatives comme employée de maison, école dont, devenue mère, elle savait tirer profit avec créativité et talent.

Maman voulait que tout soit propre, la maison, la lessive, les habits, elle y tenait absolument. Elle cultivait aussi de belles fleurs et décorait les fenêtres avec des géraniums magnifiques.

Garder la vieille maison propre et en ordre n'était pas une sinécure. Incommode de tout ranger soigneusement! Poussière et saleté restaient collées partout et se laissaient difficilement enlever. Le linge à laver ne manquait pas. Chaque jour, notre père réclamait des chaussettes propres, et il y avait constamment des langes souillés. Maman les lavait tous les jours à la cuisine. Mais comme les garçons faisaient régulièrement pipi au lit et étaient fréquemment chargés de travaux à l'extérieur, dans la remise de bois, à l'étable ou sur la ferme, où il était difficile de garder les vêtements immaculés, une grande lessive était à l'ordre du jour une fois par semaine.

Sepp était alors envoyé chez tante Regina pour lui demander de venir en aide. Dans la buanderie, le feu était allumé sous la lessiveuse et l'eau additionnée de soude portée à ébullition. Les pièces très sales étaient trempées dans de l'eau tiède savonneuse et frottées vigoureusement contre une planche à laver avant d'être jetées dans le liquide bouillant pour y être cuites. Puis le contenu était brassé avec une spatule pour ensuite être transvasé dans un bassin rempli d'eau froide pour le rinçage. Le travail le plus pénible était de tordre les pièces lavées dégoulinant pour les essorer. Pour les grands draps, deux personnes étaient nécessaires. C'est alors seulement qu'on pouvait suspendre le linge pour le faire sécher à l'air libre, puis le repasser et le ranger dans l'armoire. Toutes ces opérations étaient faites à la main. Il n'y avait pas de machine à laver. La seule innovation consista, à la fin des années cinquante, dans l'achat d'une petite essoreuse qui éliminait le pressage manuel de la lessive et hâtait le séchage.

Grâce aux compétences de notre mère en couture et tricot, nos portions toujours des vêtements irréprochables. Elle attachait beaucoup d'importance à ce que nous fassions bonne figure. Avec un mari ouvrier de bâtiment et une ribambelle à la maison, il y avait toujours quelque chose à coudre, rafistoler, repriser ou tricoter. Ainsi, maman n'avait guère l'occasion de quitter la maison pour entretenir des amitiés et devait renoncer à beaucoup de choses. Elle aussi aurait parfois voulu sortir pour s'amuser. Jeune épouse, elle aurait terriblement aimé faire partie d'une société de femmes en costumes traditionnels, mais notre père s'y opposa. Il n'avait aucune envie de garder les enfants ! Dès le début, notre mère disposa donc de peu de latitude, à part le fait que c'était elle, comme il était usuel dans la région, qui gérait les finances. Notre père lui remettait sa paie en gardant une petite somme comme argent de poche. S'il avait besoin de plus, il le gagnait en travaillant pour ses clients. D'habitude maman réussissait à gérer si bien l'argent qu'il suffisait jusqu'au jour de paie suivant. Elle avait le don de tirer le meilleur parti du peu qu'elle avait, comme elle l'avait appris chez ses parents.

Parce que nous étions de plus en plus nombreux et notre père seul à gagner de l'argent, pendant quelques années son salaire ne couvrit plus les dépenses. Notre mère se procura alors du travail à domicile. Je la vois encore coudre des chemises militaires pendant des soirées entières, parfois jusqu'à minuit. Ce travail minait ses forces, le lendemain elle était fatiguée et sur les nerfs. Par ailleurs, d'importantes livraisons de marchandises ou de magazines arrivaient régulièrement chez nous que des habitants de Schattdorf avaient commandés auprès de fabricants ou d'agences de presse. À nous les enfants de les apporter aux destinataires et d'encaisser l'argent. De cette manière, nous apprenions à connaître le village et nous nous rendions compte que le gros de la population vivait dans des conditions semblables aux nôtres. Dès que les aînés étaient en âge de le faire, maman attendait qu'ils contribuent également au revenu du ménage en acceptant des petits boulots, par exemple comme livreur de pain ou valet de ferme. Combinées avec le bail de l'exploitation agricole – déduction faite des intérêts hypothécaires –, ces ressources couvraient tant bien que mal les besoins du ménage, d'autant plus que la ferme nous procurait du lait bon marché ainsi qu'un tas de fruits et de légumes.

Dans ces conditions, on comprend que notre mère ne pouvait pas, à côté de toutes ces activités, s'occuper intensivement de chaque enfant. Il ne lui restait pas d'autre option que de donner la priorité aux tâches domestiques. De nos jours, les jeunes trouvent normal d'avoir recours à leur mère aussi souvent qu'ils le désirent, chose qui aurait été impensable pour nous. Où est-ce que maman aurait trouvé l'énergie et le temps nécessaires pour partager tous les bonheurs et répondre à toutes les attentes de chacun de ses onze petits ? L'un ou l'autre se serait pour sûr senti négligé ! En général, la communication dans la famille se résumait ainsi à régler les aspects pratiques de la vie, en gardant pour soi souffrances et détresses personnelles.

Maman ne nous montrait pas non plus à chaque instant combien elle nous aimait. Elle était économe en louanges et gestes de tendresse. Mais quand quelque chose nous tourmentait ou que nous avions vraiment besoin d'un conseil, nous pouvions compter sur elle. Elle était constamment inquiète que quelque chose puisse nous arriver et s'alarmait quand nous ne nous sentions pas bien. Plusieurs d'entre nous avaient une santé fragile, et maladies infantiles et refroidissements ne nous épargnaient pas non plus. Dans ces cas, elle répondait toujours présent. Elle nous soignait avec dévouement, généralement avec des remèdes maison, et si nécessaire, appelait le médecin ou nous envoyait chez lui.

Notre père était un chrétien ordinaire : il allait à l'église quand il le fallait, accomplissait son devoir pascal et ne disait rien de désobligeant sur le clergé. Mais il respectait que son épouse soit très religieuse. Elle était de tout cœur une catholique pratiquante qui prenait au sérieux les prescriptions de Rome. Pendant la semaine, il lui arrivait d'assister au premier office matinal. Comme j'étais enfant de chœur, nous parcourûmes maintes fois le chemin ensemble. Pour moi c'était une rare occasion d'être seul avec elle. Peu après la deuxième guerre mondiale, elle adhéra au Troisième Ordre franciscain. Mais elle n'était pas bigote. Elle n'allait pas à l'église à cause des gens, mais par besoin profond. Pour elle, c'est Dieu qui comptait, pas le curé. La religion la soutenait dans les heures difficiles, elle donnait sens à sa vie. Elle avait besoin de la protection divine et comptait sur l'assistance des saints et des anges gardiens. Elle ne nous menaçait pas de l'enfer ou du diable, elle croyait plus en un Dieu miséricordieux qu'en un Dieu qui punit.

Fondamentalement, maman était une personne aimable et gentille, mais elle n'était pas d'un naturel joyeux et n'avait guère le sens de l'humour. Des frères et sœurs m'ont raconté qu'elle pleurait souvent à cette époque quand elle se sentait à bout de forces, et se plaignait de sa vie. Personnellement, je n'ai pas ce souvenir. Mais pendant toutes mes jeunes années, ma mère me fit toujours l'effet de quelqu'un de préoccupé. Sa mine était rarement détendue, elle avait constamment le souci de joindre les deux bouts. Parfois elle s'en désespérait presque. Est-ce que les angoisses existentielles qu'elle avait connues pendant son enfance remontaient en elle ? En tout état de cause, elle était de nature anxieuse.

Bien des fois cependant, elle se sentait aussi abandonnée par son époux. Elle ne lui reprochait pas de ne pas gagner assez, voyant bien qu'il faisait son possible, mais les difficultés financières et l'insécurité matérielle lui pesaient lourdement. Comme elle gérait l'argent du ménage, elle avait une meilleure vision d'ensemble que notre père, qui de toute façon s'inquiétait moins et était plus dépensier. Sur les chantiers, il avait pris l'habitude d'étancher sa soif avec des boissons alcoolisées, souvent plus que nécessaire. Il se savait en bonne compagnie, c'était la règle parmi les travailleurs. Dimanche, maman lui accordait volontiers un verre ou deux de Valpolicella ou de Montagner, mais à son avis il dépassait souvent la juste mesure. Elle ne comprenait pas qu'il puisse dépenser autant d'argent pour quelque chose qu'elle avait de la peine à approuver, alors qu'elle était obligée de compter chaque sous. Pour elle, son mari faisait preuve d'irresponsabilité et de faiblesse de caractère. De plus, il rompait moralement le contrat de mariage qui stipulait de toujours prendre soin d'elle. Elle aurait aussi préféré qu'il s'occupe plus de ses enfants et moins de ses clients, d'autant qu'il était le premier responsable de la nombreuse progéniture. C'est ce qu'elle répétait avec obstination. Comme maman, elle nous a tous pris en affection sans hésitation, mais en tant que génitrice, elle se serait volontiers contentée d'une marmaille moins nombreuse.

Personne d'entre nous ne fut témoin de disputes violentes entre nos parents – ils préféraient jouer au muet plutôt que de se crier dessus. Cependant, l'attitude de maman poussa notre père encore plus à l'isolement. Les maris d'autrefois n'aimaient pas recevoir des reproches de leurs épouses. N'étaient-ils pas les chefs de la famille ? Mais au lieu de ramener sans délai son salaire à la maison, notre père prit l'habitude de traîner au café pour boire un verre ou deux avec ses collègues de travail. Il sortait alors de sa coquille et amusait la ronde avec des blagues en échange d'une bière gratuite. Un beau soir, il ne se rendit compte qu'à la maison qu'il avait oublié sa paie au restaurant. Pour maman, un monde s'écroula. Elle avait des dettes chez l'épicier qui lui faisait crédit jusqu'au nouveau salaire. Heureusement, tout rentra dans l'ordre parce que l'argent était toujours là quand papa retourna au bistro, mais le choc avait été rude pour sa femme.

À ces occasions, notre père se sentait injustement traité par elle, mais au lieu de tenter de se disculper, il se murait dans son silence ou allait travailler pour ses clients. Il souffrait lui-même du fait qu'il n'était pas capable d'offrir à sa famille une vie plus insouciante malgré le fait qu'il travaillait comme un fou. Mais les lamentations lui tapaient sur les nerfs. Il ne s'est jamais plaint de son sort. Il pouvait souffrir sans mot dire. Sur ce point sa femme le déçut. Faisant allusion à son jour de naissance lors duquel les fidèles pensent aux défunts, il remarquait alors avec mépris qu'elle gémissait comme une âme au purgatoire.

Conditions de vie modestes

Je n'ai pas souvenance de ces tensions. Au contraire, j'ai vécu une enfance protégée dans le repère chaleureux de la vieille ferme. Jouxtant une belle prairie fleurie sur laquelle poussaient une multitude d'arbres fruitiers, elle était le refuge de mes jeunes années. L'exiguïté du logement ne me dérangeait pas, je ne connaissais rien d'autre. Certes, les emplacements pour ranger provisions, habits et jouets étaient rarissimes. Malgré tout, maman nous grondait quand nous laissions traîner nos effets personnels. Deux fois par an cependant, au printemps et en automne, les armoires étaient vidées et nettoyées, les sols récurés et les matelas transportés au-dehors pour être battus. Les jours suivants, tout sentait merveilleusement frais.

Mais jusque dans les années soixante, nous vivions dans des conditions fort modestes. Pour nous, se serrer la ceinture n'était pas une simple métaphore. Faire de la nécessité une vertu était la réalité, ce qui n'était pas toujours simple bien que dans mes souvenirs subsiste un brin de nostalgie de cette époque où l'on n'avait pas encore l'embarras du choix dans un supermarché, pas de modes à suivre et peu d'articles de marque à acheter.

Dans la maison, nous devions nous faire de la place. La vie s'y déroulait seulement dans trois pièces : cuisine, salon et chambres à coucher.
Le meuble le plus important de la cuisine était le fourneau potager. Casseroles et poêles étaient posées sur deux ouvertures qu'on agrandissait ou réduisait avec des cercles amovibles. Régler la température du feu était un art difficile. Le potager fournissait en outre l'eau chaude qu'on puisait dans la petite bouilloire qui y était incorporée. La cuisine était également l'endroit où l'on prenait en soin l'hygiène corporelle. La plupart du temps, celle-ci consistait simplement à se laver la figure et les mains à l'eau froide qui coulait du robinet. Mais les samedis et avant les fêtes, un bain était à l'ordre du jour, l'hiver dans la cuisine, dans la buanderie dès qu'il faisait chaud. Maman nous déshabillait jusqu'aux culottes – pas de nudité totale même en bas âge ! –, puis nous asseyait à tour de rôle dans un grand bassin rempli d'eau chaude et nous frottait le corps avec une lavette savonnée. La cuisine servait aussi de salle à manger. C'est en effet là que nous prenions nos repas quotidiens, serrés autour de la grande table sur laquelle nous faisions également nos devoirs scolaires.
Mais la cuisine n'était pas seulement un endroit convivial, elle recelait aussi des dangers. Ainsi, Hanni faillit provo-

quer une fois un incendie. Elle avait reçu l'ordre de faire du café, mais le bois refusa de prendre feu. En désespoir de cause elle essaya de l'animer avec de l'alcool à brûler. Épouvantée par les flammes qui jaillirent immédiatement, elle laissa tomber la bouteille et hurla au secours. Heureusement, maman accourut à toute vitesse pour maîtriser les flammes. Un autre accident qui guettait était les brûlures. Plusieurs d'entre nous en firent l'expérience douloureuse après avoir renversé maladroitement une casserole remplie d'un liquide chaud. Les stigmates en sont encore visibles sur leurs corps.

Il va de soi que manger à satiété était pour nous une préoccupation quotidienne. Pour se nourrir, nous étions largement auto-subsistants. Il n'y avait pas encore de centres commerciaux et nos achats réguliers se limitaient à une poignée de produits : farine, riz, polenta, sucre et pain mi- noir, le dernier en grande quantité. La ferme fournissait pommes, poires, cerises et rhubarbes dont une partie était transformée en compote ou en conserves. Chaque automne, maman pasteurisait une centaine de litres de jus de pommes dont elle remplissait des bouteilles de Chianti de deux litres, une par dimanche, cela devait suffire pour tous. Dans le jardin poussait une grande variété de légumes: haricots, choux, carottes, tomates, oignons, salades, etc. Nous cultivions des pommes de terre qui étaient entreposées dans la cave du restaurant. En automne, un boucher ambulant passait pour tuer notre cochon. C'était toujours un jour de fête à cause des délicatesses que maman confectionnait avec les abats. De temps à autre, nous achetions un quart de bœuf ou de veau chez un parent paysan. Les frigidaires étant encore rares dans le village, la commune fit construire une chambre froide dans laquelle nous louions un casier pour congeler les bons morceaux.

À notre avis, maman était un vrai cordon-bleu qui nous

préparait des plats savoureux. Mais en vérité, la pitance était très simple. Nous ne vivions pas encore à l'époque du tout disponible en toute saison et des plats achetés tout faits.

Certains mets et produits étaient d'autant plus appréciés qu'ils étaient réservés à des jours spécifiques : les filets de poisson panés consommés le Vendredi Saint, les mandarines, les arachides et le chocolat à Noël, les oranges et les merveilles pendant le carnaval et les pâtisseries locales (pain aux poires, beignets au sérac et tartes aux raisins secs) à la kermesse. Les autres jours, nous nous contentions des produits achetés au magasin et de ceux, saisonniers, en conserve ou gardés à la cave, provenant de la ferme. Difficile à conserver sans frigo, le beurre acheté en gros était fondu pour être utilisé comme graisse à cuisiner.

Au petit déjeuner le pain était souvent tartiné à la confiture de sureau parce que maman était convaincue qu'elle protégeait du refroidissement. Le lait était bu mélangé à un café à base de chicorée. Parfois les tartines étaient remplacées par des roesti. En semaine, la plupart des repas de midi étaient sans viande, pas seulement les vendredis où l'Église en interdisait la consommation. Polenta, purée de pommes de terre ou soupe aux légumes composaient l'ordinaire. Je me souviens aussi d'un plat, servi en hiver, de châtaignes séchées cuites dans une sauce farineuse. Au souper, maman nous servait des pommes de terre en robe des champs, du riz au lait ou de la soupe.

Nous devions manger ce qui était sur la table. Seul papa avait le privilège de faire le difficile. Il avait une aversion pour le riz, les légumes, la viande de poulet ou de mouton et le poisson. Notre mère lui cuisinait parfois une saucisse ou un morceau de viande, parfaitement mérité à notre avis, il travaillait si dur ! Quant à nous, nous avions généralement bon appétit et laissions rarement traîner des restes sur nos assiettes. Malgré tout, les plus affamés mangeaient à leur faim.

La pièce la plus fréquentée était le salon ou séjour au milieu duquel trônait une table entourée de nombreuses chaises sur laquelle on servait les repas de fête et organisait des jeux de cartes ou de dés. Dans un coin se trouvait un canapé fréquemment occupé par quelqu'un qui faisait un somme. Dans un autre il y avait une croix avec une branche de houx bénie entourée d'un rosaire, d'images pieuses et de photos de défunts. Sur une des parois, une pendule était accrochée, et quelque part figurait la photo de mariage des parents. Nous ne possédions ni téléphone ni appareil radio. Le restaurant d'à côté était notre cellule téléphonique. À la fin des années cinquante, l'aubergiste nous fit cadeau d'un vieux poste de radio. Dorénavant, nous nous réunissions souvent au salon pour écouter une émission de sport, une pièce radiophonique ou le concert des auditeurs.

    Maman utilisait le séjour pour repasser, tricoter, repriser et coudre avec sa machine à pédale. Les aînés se souviennent combien il était rare de recevoir un habit neuf. Maintes fois reprisé et taillé par maman, celui-ci était ensuite porté pendant de nombreuses années par une succession d'enfants. Nous recevions aussi des habits usagés de familles proches. Avec nous, les magasins de vêtements ne gagnaient pas beaucoup, nous pratiquions le recyclage bien avant qu'il soit à la mode. Certes, notre habillement n'était pas élégant, mais grâce à maman, il était toujours propre et sans trous. Cependant, certaines choses n'étaient pas à notre goût. Ainsi les pantalons longs n'étaient pas pratique courante. Les filles portaient des robes, les garçons des culottes courtes. Pour ne pas avoir froid l'hiver, nous mettions des bas en laine. Afin d'éviter qu'ils glissent, ils étaient fixés avec des bandes élastiques à un gilet porte-jarretelles. Bas et gilet démangeaient, et nous avions froid quand même. Habituellement le cuir des souliers était cloué sur des semelles en bois qui trahissaient la pauvreté du porteur et faisaient un bruit gênant.

Toutefois la moitié de l'année, nous marchions les pieds nus. Pour moi, le jour du printemps où je pouvais enfin enlever les bas et souliers détestés ressemblait à un jour de fête. Comme les génisses après un long hiver passé à l'étable je courais dehors en sautant de joie, heureux de pouvoir une fois de plus éprouver la sensation délicieuse des plantes de pieds nus sur le sol.

Les chambres à coucher des enfants étaient étroites et n'abritaient que deux lits dans lesquels il fallait souvent dormir à plusieurs. Quand j'étais petit, j'aimais beaucoup partager ma couche avec un frère. Nous nous racontions des histoires avant de nous endormir. Les frères et sœurs plus âgés avaient le privilège de se glisser dans un lit agréablement préchauffé par un plus petit. Malheureusement, tous les garçons souffrirent d'incontinence nocturne, ce qui n'est guère étonnant étant donné que nous rentrions souvent détrempés et avions fréquemment froid. Mouiller le lit rendait la nuit inconfortable pour tous les occupants. Le petit fauteur était mort de honte et devait subir le regard courroucé de maman, mais il ne craignait pas de recevoir une raclée.

La chambre à coucher des parents leur étaient réservée, les enfants n'avaient rien à faire là. Sauf les plus petits qui y dormaient aussi longtemps qu'ils étaient incapables de monter l'escalier raide qui menait aux chambres des grands. De cette manière, maman pouvait tranquillement donner le sein et surveiller leur sommeil. La pièce abritait aussi l'unique armoire pour ranger les habits, literies et documents de famille.

Petits, nous ne trouvions rien à redire à ce type de logement, fréquent dans la région. À cet âge, on se sent de toute façon mieux quand on vit près les uns des autres. Toutefois, personne ne se plaignait quand un membre de la fratrie s'absentait pour un temps. Il faisait de la place pour ceux qui restaient. À la puberté cependant, la période pendant laquelle l'adolescent désire développer son individualité, nous avons commencé à souffrir de l'absence de vie privée et du manque de place pour ranger nos affaires personnelles. Le seul endroit où l'on pouvait s'isoler était les toilettes. À l'internat, il ne me déplaisait pas de partager le dortoir et la salle d'études avec d'autres, j'étais habitué à vivre avec beaucoup de monde. Mais j'étais très content d'avoir un lit, une armoire et un bureau à moi.

Néanmoins la maison bondée n'empêchait pas notre mère d'héberger temporairement des hôtes de passage ou d'accueillir d'autres enfants. En 1960, grand-mère Maria fit partie de notre communauté pendant presque une année. Depuis qu'oncle Xaver s'occupait de notre ferme, elle vivait chez tante Regina. Elle nous rendait régulièrement visite et nous apportait une friandise quand elle venait chercher le lait chez son fils. Une photo témoigne d'une de ces visites. Elle la montre assise derrière la maison en compagnie de maman – une des rares images de cette époque où elle figure également –, de plusieurs de mes frères et sœurs et de deux petites voisines.

Grand-mère était une femme pittoresque qui, jusqu'à un âge très avancé, adorait jouer aux cartes et avait des répliques savoureuses. En public, son visage ridé était entouré d'un foulard, et elle portait plusieurs robes les unes sur les autres qui lui arrivaient jusqu'aux chevilles. Elle fumait la pipe avec passion, la dernière à son quatre-vingt-dixième anniversaire.

Une année plus tard, un besoin croissant de soins se manifesta chez elle et sa fille n'était plus en mesure de les lui

Grand-mère Maria en visite

prodiguer. Toujours prompte à aider, maman lui offrit l'hospitalité. Un lit supplémentaire fut placé dans la chambre des parents. Les forces physiques et psychiques de grand-mère déclinèrent à vue d'œil. La démence sénile s'empara d'elle, elle était incapable de se tenir tranquille plus de cinq minutes et appelait constamment son fils absent. Pour comble de malheur, elle se fractura le col du fémur. Pendant les dernières semaines de sa vie, elle était clouée au lit, agitée et balbutiant des phrases incohérentes. Visiblement, quelque chose la tracassait. Maman appela alors un prêtre. Sa visite eut le don de la calmer, peut-être avait-elle confessé un secret à l'homme d'Église. Peu de temps après, elle s'endormit paisiblement pour toujours et trouva sa dernière demeure dans son village natal, Spiringen.

Pas de doute, notre espace domestique était compté. Toutefois nous n'étions pas contraints de rester tout le temps à l'intérieur à nous marcher dessus. En réalité, j'ai passé une grande partie de mon enfance à l'extérieur. N'habitions-nous pas dans une exploitation agricole ? Nous restions beaucoup dehors, dans l'étable ou la grange mitoyenne. Devant la maison s'étendait une place de jeu et derrière se trouvait une petite cour qui donnait sur la remise de bois. Nous nous amusions sur les digues du « Gangbach », dans le petit bois adjacent ou dans les prés. C'est dans ce royaume que nous traînassions quand nous nous sentions à l'étroit dans la maison. Évidemment, nous n'y faisions pas que jouer, nous étions aussi obligés de travailler, en oubliant parfois que maman n'aimait pas que nous rentrions avec des vêtements sales et déchirés.

Grandir avec une fratrie nombreuse

J'ai mis du temps pour comprendre l'empreinte laissée par mes multiples frères et sœurs dans mon évolution personnelle. Les relations avec mes aînés ne sont-elles pas les plus longues de ma vie ? Elles durent depuis plus de soixante-dix ans. Étant donné que nous étions nombreux et que nos parents étaient en premier lieu préoccupés à assurer la survie matérielle de la famille, j'ai passé bien plus de temps avec mes frères et sœurs qu'avec papa et maman. Pour cette raison, l'interaction avec ma fratrie a exercé une grande influence sur le développement de ma personnalité.

En réalité, la taille du ménage variait dans le temps, comme l'indique par exemple l'instantané que ma mère a pris en automne 1954. Il montre la composition de la famille six

Papa et ses enfants après la naissance de Franz

mois après la naissance de Franz. Papa, qui a plutôt mauvaise mine, est assis sur un tabouret, un « stump » éteint dans un coin des lèvres. Sur les genoux, il porte le dernier-né et de la main droite il retient le petit Paul. À ses côtés se tiennent Hanni et Trudi habillées presque à l'identique. Placée derrière elle, Vreni arbore un sourire coquet, elle fait déjà petite dame alors qu'elle n'a que douze ans. À droite pose Martin et devant lui : moi, le regard incertain, la tête inclinée sur le côté, en culottes courtes, bas de laine et jaquette tricotée par maman. J'ai neuf ans.

Quatre membres de la famille manquent. Agnes et Markus ne sont pas encore nés, Marietta est au-pair en Suisse Romande et Sepp à l'internat. Les deux ont disparu momentanément de la communauté familiale dans laquelle je vis, et du coup complètement de mes souvenirs d'enfance. Je ne me remémore plus le rôle qu'ils ont joué pour moi à cette période. En fait, je n'ai des souvenirs précis que de Martin, Hanni et Trudi dont l'âge correspond approximativement au mien et qui, pour cette raison, partageaient quotidiennement mon existence. Les autres referont surface plus tard dans ma mémoire. En ce qui concerne les plus jeunes, l'explication est simple : lorsqu'ils sont nés, j'allais déjà à l'école ou avais quitté la maison. Donc je ne les ai que peu côtoyés. L'inverse était sans doute vrai pour mes aînés : quand j'étais petit, ils étaient écoliers ou apprentis. Or, pendant la petite enfance, l'emprise émotionnelle d'une personne est fortement fonction de sa proximité.

De ce point de vue, mon frère Martin l'emporte haut la main. C'est avec lui que j'ai entretenu les rapports les plus étroits. Nous formions une paire inséparable. Nous dormions dans le même lit, je portais ses habits jusqu'à un âge où je le dépassais en taille, il m'aidait à apprendre les formules latines pour devenir enfant de chœur, deux années après lui j'allais en classe chez les mêmes enseignants, et comme le démontre l'épisode qui a failli lui coûter la vie, on nous confiait souvent des tâches ensemble.

Mais notre relation n'était pas toujours harmonieuse, les querelles étaient fréquentes. Lors de notre plus sérieuse dispute je n'avais que quatre ou cinq ans, raison pour laquelle je ne la connais que par ouï-dire. Martin se souvient qu'un jour, papa fendait du bois derrière la maison. Lui et moi étions chargés de le ramasser pour le stocker dans la remise. Pendant une pause, nous avions tous les deux envie d'imiter le père. Chacun essaya de s'emparer de la hache, Martin était plus fort, il remporta la victoire, mais l'outil lui échappa et me taillada le grand orteil du pied droit.

J'ai entendu dire que petit, mon frère était très irascible, il geignait beaucoup ou au contraire jouait au commandant.

Comme quatrième enfant, il avait sans doute un besoin amplifié de se faire respecter. Lui-même se souvient qu'il aimait amuser la galerie. Le coup de la hache n'eut certainement pas cet effet sur moi, mais les souffrances que j'endurai ne me laissèrent pas de cicatrices psychiques permanentes, seulement une trace physique : un ongle coupé en deux. Comme punition, Martin dut me promener sur une petite charrette en attendant que la plaie se referme. Malgré ces bagarres, je voyais en lui un complice plutôt qu'un rival. Nous étions deux conspirés qui faisaient bande à part et s'appuyaient mutuellement. Je disposais en lui d'un modèle à peine plus âgé que je pouvais imiter, sans être obligé de lui témoigner le respect dû à une autorité.

Je me souviens un peu moins de Hanni et Trudi, peut-être parce que les deux formaient aussi une paire qui se suffisait à elle-même. Elles étaient souvent habillées pareillement et à Noël recevaient parfois un cadeau ensemble, comme quand on leur offrit une petite épicerie, jouet que Martin et moi convoitions autant. Toutes les deux se rappellent parfaitement qu'elles formaient un duo. Trudi se souvient aussi des aspects négatifs qui la firent souffrir. Hanni aurait été très dominante et n'aurait pas arrêté de tenter de l'éduquer. On la lui aurait constamment présentée comme exemple, et elle se serait sentie défavorisée parce qu'en été, elle devait rester à la maison pendant que sa grande sœur pouvait passer les vacances chez sa marraine. Elles se seraient aussi fréquemment disputées. Par conséquent, Trudi développa une très grande envie de trouver des moyens pour s'affirmer ou pour passer inaperçue afin de ne pas aggraver son sort.

    Marietta et Vreni entretenaient des rapports similaires. Elles formaient également une paire. Sur les photos anciennes elles sont toujours habillées de la même façon. Les deux sont d'accord sur le fait qu'elles ne s'entendaient pas bien pendant l'enfance. Vreni dit que Marietta l'aurait jalousée à cause de sa plus grande taille, ses cheveux noirs et sa frimousse plus jolie. Sa grande sœur lui aurait souvent cherché des noises. Vreni détestait aussi que sa mère la compare à Marietta.

Ces exemples le montrent : la fratrie était un terrain d'entraînement pour la gestion de sentiments ambivalents comme la rivalité ou la jalousie ainsi qu'un exercice permanent de collaboration, de réconciliation et d'affirmation de soi. Nature, parents, normes sociales et dispositions personnelles contribuaient à orienter les comportements.

Ainsi, être garçon ou fille avait de l'importance. Sur bien des points, les rôles étaient plus stéréotypés que de nos jours. À l'école, les leçons d'économie domestique étaient réservées aux filles, la mixité ne se pratiquait qu'en première et deuxième classe, et à l'église les femmes n'officiaient pas dans les services religieux. La séparation des sexes existait aussi chez nous. Maman voyait d'un mauvais œil si nous nous rapprochions trop. Certaines tâches étaient clairement masculines ou féminines. S'occuper du bois de chauffe, nourrir le cochon ou aider à l'étable étaient affaire des garçons, participer à la grande lessive ou garder les petits celle des filles. Mais sur d'autres points, la division traditionnelle ne s'appliquait pas. La vaisselle devait être faite à tour de rôle et tout le monde participait au sarclage du champ de pommes de terre ou préparait les légumes avant les repas, l'exemple de notre père nous ayant fait comprendre que la cuisine n'était pas le domaine exclusif des femmes. Pour lui, la gent masculine ne tombait pas de son piédestal si elle savait cuisiner.

Un autre facteur influent était l'ordre de naissance. Être aîné n'était pas la même chose que puîné. Marietta et Sepp disent que les parents les avaient attendus avec plus d'impatience que les derniers-nés et qu'ils pouvaient plus souvent étrenner un habit neuf. Ils devaient par contre assumer plus de responsabilités plus tôt et donner l'exemple. Très jeune, Marietta endossa le rôle de deuxième maman et développa un sens aigu de la responsabilité. Nous l'appelions affectueusement « petite tante ». Jusqu'à ce jour, elle est restée un pilier de la famille. Sepp eut plus de peine avec son rôle de premier fils. De son propre aveu, il est un solitaire volontiers replié sur lui-même, se conduire en ouvreur de pistes l'intimidait. Je le comprends parce que j'ai profité plus d'une fois du privilège de pouvoir marcher sur ses traces.

Je n'ai jamais regretté d'avoir grandi dans une famille nombreuse. J'ai même l'impression d'y avoir bénéficié d'avantages inestimables. Comme les parents ne pouvaient pas nous surveiller de près et avaient besoin de notre aide, j'ai disposé d'une grande liberté pour me développer tout en assumant de plus en plus de responsabilités valorisantes. Je n'étais pas forcé de m'entendre avec tout le monde mais pouvais choisir mes alliances au gré des circonstances. Être un enfant du milieu me plaisait, je pouvais imiter ceux qui me précédaient, prétendre à un traitement équivalent et faire le grand pour les plus petits. Mais je savais aussi que je devais d'abord compter sur mes propres forces. On n'a pas d'autre choix quand on est un parmi beaucoup.

Devenir « des gens bien »

À cette époque, éducation et châtiments corporels allaient de pair. Il était encore d'usage de corriger le fautif en lui donnant une claque, en lui bottant les fesses, en lui tirant l'oreille, ou les cheveux s'il s'agissait d'une fille. Nos parents n'y faisaient pas exception, pourtant, nous ne nous considérions pas comme des enfants battus : ni papa ni maman n'avait la main leste, ils n'aimaient pas la manière forte, n'utilisaient jamais la verge. C'est avant tout notre mère qui était chargée de nous éduquer – relayée parfois par les frères et sœurs plus âgés. Selon le partage traditionnel des responsabilités qu'elle ne remettait pas en question, c'était son rôle plus que celui du père. Dans l'accomplissement de sa fonction, elle se laissait guider par les normes socio-religieuses en vigueur et s'inspirait des méthodes qui avaient servi à sa propre éducation. Mais parfois elle critiquait quand même son mari qui, à son avis, se tenait par trop à l'écart et fuyait ses responsabilités en la matière. Quand d'après elle un enfant avait dépassé les bornes, elle exigeait de lui, le chef de famille, de faire acte d'autorité et de punir le coupable. À contrecœur, papa s'exécutait.

Mais dans le tréfonds, nos parents adhéraient aux mêmes principes et avaient une vision commune des gens bien et vertueux qu'ils désiraient qu'on devienne. L'éducation maternelle qui nous a été inculquée était donc largement partagée par le père.

Dans l'ensemble, maman imposait un ordre rigoureux. C'était pour elle le seul moyen de se faire obéir par sa ribambelle. À l'instar de ce qu'elle avait vu faire ses parents, elle nous donnait des ordres, interdisait des choses ou rappelait la voie à suivre plutôt que de louer ou d'encourager. Elle voulait être obéie sans discussion, vue comme le modèle à imiter. Elle attendait de nous un comportement impeccable. Chacun devait contribuer au mieux à la bonne marche de la famille. Elle grondait sévèrement les indisciplinés et envoyait les pécheurs au lit le ventre vide. Quand malgré tout elle n'arrivait pas à se faire entendre, elle fondait en larmes, ce qui impressionnait les plus fortes têtes.

Pour elle, il était malgré tout normal qu'un enfant fasse des bêtises, elle ne se faisait pas d'illusions et ne pensait pas que nous nous entendions toujours parfaitement bien. Elle savait par expérience que dans une grande famille, forcée de cohabiter dans un espace restreint, les disputes, rivalités et jalousies entre frères et sœurs étaient inévitables. En général, elle s'abstenait de s'immiscer dans nos petites querelles. Bien sûr, elle n'avait souvent tout bonnement pas le temps de jouer au juge-arbitre, mais nous parvenions d'habitude à nous arranger entre nous, les griefs étant rarement tenaces.

Est-ce que maman traitait tous les enfants sur un pied d'égalité, est-ce qu'elle les chérissait de manière équitable ? Dans l'ensemble, je pense qu'elle ne faisait pas de distinction, mais les sages, pieux et conformistes lui plaisaient certainement plus ; elle voyait en effet d'un mauvais œil quand quelqu'un bombait le torse, frimait ou se rebellait. Elle était aussi sensiblement plus stricte avec les filles. Quelques sœurs ont souffert de cette éducation et l'ont qualifiée de sévère. En accord avec l'air du temps, notre mère avait une idée précise de ce qui convenait aux filles. Par exemple, elles devaient être vêtues décemment, porter des jupes ou robes qui couvraient les genoux, alors que les pantalons étaient proscrits. Les garçons étaient beaucoup moins surveillés. Même majeures les filles avaient besoin d'un chaperon – qui, lui, pouvait être mineur ! – si elles voulaient aller danser ou sortir le soir. En matière de chasteté, tout le monde était soi-disant logé à la même enseigne, mais au contraire des garçons, absolument aucun écart n'était toléré chez les filles. Maman avait une peur bleue qu'une d'elles puisse tomber enceinte avant d'être mariée. La fautive aurait alors été considérée comme une traînée, une mauvaise réputation qui aurait forcément déteint sur ma mère.

L'éducation que nous transmettaient nos parents était crédible parce qu'il leur tenait à cœur d'offrir à tous les mêmes possibilités. Aussi longtemps qu'il remplissait son devoir, aucun enfant ne devait se sentir négligé. Maman veillait strictement à ce que tout soit partagé équitablement. Cette position de principe n'était évidemment pas applicable sans écarts occasionnels. Secrètement, les deux avaient leurs chouchous bien qu'ils ne l'eussent jamais admis.

Le principe d'équité s'appliquait avant tout à la formation. Garçons et filles avaient le droit d'apprendre un métier, pour autant qu'ils le désirent, si possible celui de leur choix. À cet égard, nos parents étaient très en avance sur leur époque. Pour eux, apprendre était la clé de la réussite dans la vie. Ils étaient confiants dans l'idée que mêmes les pauvres peuvent aller loin s'ils misent de manière conséquente sur leurs propres forces et talents et s'ils prennent la balle au bond quand l'opportunité se présente. Celui qui apprend fait du changement son allié au lieu de s'y opposer.

Nos parents voulaient qu'on suive une formation afin que nous soyons plus tard à la hauteur de nos projets et obligations et devenions des gens honnêtes et droits. Leur but était de faire de nous des personnalités autonomes qui comprennent que même quand on est pauvre, il n'est pas seyant de mendier, de se plaindre, de vivre au crochet des autres ou au-dessus de ses moyens. Nous devions être économes avec l'argent et éviter les dettes inutiles. Ils n'enviaient pas les riches mais condamnaient ceux qui dépensaient sans compter ou bluffaient avec leur argent. À leur avis, richesse et estime sociale devaient se gagner par le travail et être le fruit d'une vie chrétienne vertueuse, servir une bonne cause et être partagées.

La vertu principale que maman voulait nous inoculer était d'être « sage ». Impossible de résumer ce que ce mot poly-sémantique recouvrait pour elle. Il voulait dire par exemple se comporter en bon chrétien qui va à l'église, se confesse régulièrement, assiste à la messe, n'oublie pas le Vendredi du Sacré Cœur, suit les dix commandements, soutient les autres, n'a pas de sexe avant le mariage, etc. Aider les faibles et moins fortunés était un devoir pour tout chrétien, même quand on était pauvre. Être « sage » signifiait aussi se comporter comme il faut, ne pas faire de bêtises, elle ne voulait pas recevoir de plaintes. Maman était attentive à ce que nous ayons un comportement modeste, aimable et respectueux envers tout le monde. Elle ne voulait pas que nous fassions mauvaise impression. S'adapter était un des principes fondamentaux qu'elle cherchait à nous transmettre : ne pas sortir du rang, s'insurger, critiquer, se rengorger. L'éternel mécontent était pour elle une mauvaise personne. Les différents devaient se régler par la recherche d'un compromis juste, non en défendant son droit mordicus.

Toutefois, notre éducation était moins orientée vers l'individu que vers le groupe. Nous ne pouvions compter à tout moment, sans hésitation, sur les conseils personnels de nos parents. Très souvent, nous n'avions d'autre choix que de trouver en nous-mêmes la solution ou de nous faire aider par des amis ou d'autres adultes en qui nous avions confiance.

Très haut dans la hiérarchie des sujets difficiles à aborder figurait tout ce qui avait trait aux choses de « l'amour ». La sexualité était un thème extrêmement délicat, une sorte de tabou sur lequel nos parents étaient trop gênés pour s'exprimer. Ils se contentaient de nous exhorter à rester « propres ». En accord avec l'air du temps, la sexualité était pour eux une pulsion dangereuse, une tentation à laquelle il ne fallait pas succomber en dehors du mariage, sous peine de pécher et de s'avilir moralement. Dans notre entourage on n'évoquait qu'à demi-mot les problèmes qui y étaient liés, l'amour devait rester une chose occultée, tout comme on montrait le moins de peau possible. Le mur de la honte était érigé très haut. Nous étions forcés de nous en remettre à nous-mêmes pour faire notre éducation sexuelle, explorer notre corps et comprendre ce qui nous arrivait lorsque nous avions une pollution nocturne ou les premières règles. Le silence mystérieux qui entourait le sujet ne nous aidait guère à nous comporter avec naturel quand, à la puberté, nous nous sommes subitement vus confrontés à l'attraction érotique exercée par l'autre sexe. Tout au plus lui conférait-il le charme de l'interdit.

Mais pourtant, plus nous grandissions, moins les parents étaient nos seuls modèles et éducateurs. La parenté, les vacances, l'Église, l'école et la formation professionnelle veillaient à ce que d'autres influences commencent à élargir notre horizon intellectuel, même si nous continuions à vivre dans un environnement largement replié sur lui-même, pratiquement sans médias modernes et bien sûr encore totalement dépourvu de connectivité internet.

7
Éveil à de nouvelles réalités

En congé de la famille

Après la rentrée d'été 1955, l'instituteur demanda à Martin de rédiger une dissertation sur la meilleure expérience de ses vacances. L'intitulant « C'était une belle journée », mon frère raconta comment il accompagna nos voisins du « Brückli » qui retournaient dans leur Toggenburg natal pour y ouvrir une pension de famille. À l'aller, il voyagea sur le pont de chargement du camion, assis sur un tas de bois. Il n'était encore jamais allé si loin, ce qui l'incita à conserver soigneusement sa rédaction pour laquelle il obtint la note maximale.

Pareille excursion était en effet un événement extraordinaire. Jusqu'à l'adolescence, notre vie se déroula dans un périmètre de quelques kilomètres carrés que nous quittions rarement. Une seule fois nous passâmes des vacances en famille, l'été 1946, où nous avons séjourné quelques semaines à l' « Obermattli » chez grand-mère Maria et oncle Xaver. Je n'avais pas encore un an et dormais dans un berceau. L'expérience ne se répéta pas, quelque chose avait déplu à maman. Nos parents n'avaient ni voiture ni permis de conduire. Voyager en bus, train ou bateau était cher. La plupart du temps, nous ne le faisions que si l'excursion était offerte, ce qui fut le cas pour Marietta qui prit un jour le bateau pour aller à Lucerne avec sa marraine. Après ma première communion, le père de mon camarade, propriétaire d'une voiture, invita ma mère, son fils et moi à faire un tour à Glaris par le col du Klausen. J'étais totalement désorienté. À tel point qu'après le passage de la borne-frontière entre les deux cantons je pensais être arrivé en France.

C'est seulement avec la parenté que nous entretenions des relations étroites. Papa et maman descendaient d'une famille nombreuse. L'ampleur de leur cercle de proches se devinait à la quantité incroyable de cartes de vœux reçues ou envoyées à la fin de l'année. Mais les contacts réguliers de nos parents se limitaient à leur mère, leurs frères et sœurs et une poignée de cousins et cousines.

Notre père était très attaché à sa famille. Ses frères et sœurs nous rendaient souvent visite ou nous envoyaient des produits agricoles, et lui-même aimait aller les voir, fréquemment en notre compagnie. Parfois nous étions autorisés à rester chez un oncle ou une tante. À l'âge de six ans, Vreni, Martin et moi séjournâmes quelques semaines avant Noël chez oncle Xaver dans sa ferme d' « Obermattli ». Vreni se souvient comment il l'emmena une fois à la messe dominicale à la chapelle du « Getschwiler », descendant en grandes foulées dans la neige profonde, « comme un chevreuil », pendant qu'elle avait de la peine à le suivre sur ses petites jambes. Martin était impressionné par la quantité de neige qui tombait à l' « Obermattli » situé à mille six cents mètres, il n'en avait jamais vu autant dans la plaine. Quant à moi, je me rappelle surtout la première nuit où je dormis seul dans une pièce plongée dans l'obscurité totale. J'étais si traumatisé que je pleurai à chaudes larmes jusqu'à ce que mon oncle se décide à rester à la maison au lieu de sortir avec la femme qu'il courtisait. Peut-être ai-je contribué ainsi à perpétuer son célibat !

Maman était également très liée avec ses frères et sœurs dont la plupart habitaient près de chez nous. Nous ne manquions par exemple jamais, le Jour des Rois, de faire une visite à sa sœur aînée qui hébergeait grand-mère Severina.

Chacun d'entre nous avait dans la parenté deux personnes avec qui il entretenait des rapports particuliers : un parrain et une marraine. De nos jours, on choisit de préférence des amis pour remplir ce rôle. À l'époque il était habituel de le confier à des parents. S'ils étaient encore en vie, les grands-parents étaient en tête de liste, même s'ils mouraient parfois alors que leurs filleuls étaient encore en bas âge ; Marietta perdit ainsi son parrain à l'âge de trois ans. Après eux, c'était le tour des oncles et tantes, l'un paternel, l'autre maternel. Quand ce réservoir était épuisé, beaux-frères ou belles-sœurs, cousins ou cousines étaient pris en considération. Si un parrain était empêché d'assister au baptême, un substitut temporaire était trouvé pour ce jour. Le sens originel du parrainage était de veiller à l'éducation chrétienne des protégés en cas de décès prématuré des parents. Nous, par contre, espérions surtout que nos parrains et marraines nous accordent une attention particulière, nous donnent un petit cadeau pour les fêtes de fin d'année ou la première communion et nous invitent chez eux. Certains se montraient plus généreux que d'autres, ce qui valut aux heureux bénéficiaires la jalousie des frères et sœurs.

J'aimais bien ma marraine, tante Regina, qui habitait une maison minuscule à quelques pas de l'école de Schattdorf, entourée de nains de jardin. Pendant les pauses, je passais régulièrement chez elle. Regina n'avait pas d'enfant. Elle était très accueillante et toujours partante pour un brin de causette.

Quand on lui rendait visite, on était sûr d'être gâté avec une tasse de café, une sucrerie ou un en-cas de pain et de viande séchée.

Le gros lot toutefois, c'est Hanni qui le tira avec sa marraine. Toutes ses vacances d'été, qui duraient trois mois, elle les passait avec plaisir dans sa ferme près de Schwyz, malgré les poux du poulailler qu'elle en ramenait régulièrement ! C'était sa deuxième famille. Elle voyait en sa marraine et son époux un couple idéal très différent de nos parents. « Ils géraient ensemble la ferme, ne se disputaient jamais, chacun faisait son travail, ne se mêlait pas des affaires de l'autre ». La famille était très soudée et on s'amusait beaucoup. Au contraire de chez nous, la musique y occupait une place importante. On chantait dans la chorale de l'église et jouait des opéras sur une platine dont Hanni fredonnait les airs quand elle rentrait à la maison. Nous lui disions qu'elle était un peu toquée. Manifestement elle n'en prit pas ombrage parce que, dotée d'une belle voix, elle chantera plus tard avec enthousiasme dans plusieurs chœurs.

Hanni n'était pas la seule à vivre l'été ailleurs que chez nous. En fait, à cette période de l'année, la plupart d'entre nous étions placés dans une autre famille à qui nous devions rendre de menus services. Ces séjours étaient organisés par maman qui aspirait à être déchargée pour un moment. Ainsi, elle pouvait éloigner les enfants qui se chamaillaient fréquemment et avait moins de bouches à nourrir. À la fin des vacances, nous lui remettions les quelques sous que nous avions gagnés. Ces congés nous permettaient de comparer notre famille à d'autres, de nuancer notre jugement sur elle, et de découvrir chez nous des talents et prédilections que nous avions ignorés posséder jusqu'alors.

Marietta travailla trois étés comme bonne dans la famille de l'oncle qui avait hérité du « Holzerbergli ». Elle apprit à préparer la soupe au gruau et à tricoter avec une laine particulièrement rêche. Tous les Vendredis du Sacré Cœur elle descendait à pied à l'église d'Unterschächen pour assister à la messe et faire les emplettes, mais elle avait le droit de prendre le car postal pour remonter. Les deux étés suivants elle garda deux garçons dans une famille à Soleure, gagnant pour cela la coquette somme de deux cents francs qu'elle remit fièrement à maman.

Pendant ses premières vacances scolaires, Martin fut envoyé chez notre fermier qui estivait à l'alpage d'Urnerboden. Début juillet, tout le troupeau déménagea vers une alpe située plus haut. Le trajet se fit à pied. Martin supplia de pouvoir participer à la transhumance malgré son très jeune âge. Le départ eut lieu en pleine nuit. D'abord, il fallut monter le sentier raide jusqu'au col du Klausen où on arriva à l'aube et où on s'arrêta pour traire les vaches. « J'avais une peine énorme à garder les yeux ouverts ». Mais le pire était à venir, une longue descente sur un chemin abrupt et cailouteux puis le franchissement d'un pont branlant suspendu au-dessus d'un torrent. Après plus de dix heures, la troupe arriva à destination, heureusement sans incident majeur. Ce soir-là, Martin alla volontiers se coucher. Mais il dut continuer à beaucoup marcher cet été parce que le dimanche, toute la famille assistait à la messe dans la petite chapelle du Klausen, un parcours de deux heures à l'aller et deux au retour.

Quatre ans plus tard, mécontent d'un autre placement à Urnerboden, Martin s'enfuit en catimini de son lieu de travail et rentra à la maison, parcourant la plus grande partie des vingt kilomètres à pied. À un autre poste en région saint-galloise, par contre, il se plut tellement qu'il ne le quitta que quelques jours après la rentrée des classes.

J'ai également séjourné trois étés chez une tante qui alpait sur Urnerboden et j'en garde un souvenir émerveillé. Arrivé sur place, le premier acte était de me fabriquer une paire de sabots avec des lanières en cuir, dans le creux desquels je glissais mes pieds nus. Le soir, assis sur les bords de la rivière proche, bercé par le bruit de l'eau et les cloches des vaches, j'écoutais un cousin jouer de l'accordéon. Je tournais la baratte pour fabriquer le beurre et alimentais le feu sous le chaudron du fromage. Le taureau m'inspirait une frousse terrible. Le chalet sur l'alpe supérieure où nous passions une partie de l'été était vétuste. Il n'y avait qu'un seul lit. Les hommes dormaient sur un tas de foin dans une étable dont le toit fuyait. Quand il pleuvait, on suspendait des parapluies au-dessus des dormeurs. Tous les dimanches, je vendais au bord de la route des bouquets de rhododendrons aux touristes de passage, bouquets dont ils fixaient eux-mêmes le prix. De retour à la maison, maman dut m'envoyer chez le docteur chercher un vermifuge.

Deux autres étés je travaillai dans une famille de Realp, d'abord comme berger, puis pour faire les foins. Quand je rentrais à Schattdorf, tout le monde se moquait de moi parce que j'avais adopté le dialecte de la vallée d'Urseren.

Pendant la période de l'école primaire, Trudi dut rester à la maison pour aider maman. Élève du secondaire, elle séjourna chez des fromagers dans la région saint-galloise. Elle y mangea pour la première fois des bananes, mélangées à du yoghourt nature. Elle n'osait pas dire qu'elle n'aimait pas cette mixture parce qu'elle avait intériorisé qu'il fallait manger ce qui était sur la table sans discuter.

Le monde mystérieux et effrayant du divin

Aujourd'hui, la religion est une affaire privée, les églises se vident. Quand j'étais jeune, elle était un phénomène collectif. L'Église était à Uri, pays profondément catholique, l'instance la plus influente, orientant l'imaginaire et les actions des gens. Impossible d'échapper à son contrôle. Les signes de la foi étaient omniprésents. Le calendrier civil se subordonnait à la succession des fêtes et périodes festives définie par le calendrier religieux. Églises, couvents, chapelles, oratoires, croix, prêtres en soutanes et nonnes en costumes religieux peuplaient le paysage. Les coups de l'horloge du clocher rythmaient la journée. L'Église régissait la vie de la naissance à la mort. Elle proposait à chaque catégorie d'âge une congrégation ou une association et donnait le ton dans l'enseignement, la politique et les médias où elle s'érigeait en rempart contre la dépravation du monde moderne. La parole du clergé faisait autorité. La doctrine ecclésiale n'était pas à prendre à la légère parce qu'elle définissait en dernière instance ce qu'était un homme bien, digne d'accéder à la vie éternelle.

C'est dans cette foi que j'ai grandi. C'était avant Vatican II. Enfant, je me trouvais confronté à un univers sacré imposant et mystérieux qui m'attirait parce que, disait-on, il promettait une voie vers le salut valable pour tous, fondée sur des vérités éternelles. J'étais heureux de faire partie des élus auxquels elle était révélée. L'enseignement de l'Église donna à ma vie un sens et une finalité, mais il me remplissait aussi d'effroi. Je craignais de faillir à ses exigences.

Au cours de l'enfance, nous vivions une succession de rites d'initiation qui nous assignaient une place dans la communauté des croyants conforme à notre âge.

Le premier arrivait immédiatement après la naissance. Le baptême nous débarrassait du péché originel et nous ouvrait les portes du ciel. Chaque baptisé recevait une bougie allumée au cierge pascal censée l'accompagner toute sa vie. Maman en tout cas les conserva comme des reliques. La tradition voulait aussi qu'on reçoive un nom de baptême emprunté à un saint de l'Église. De cette façon, chacun avait un avocat au ciel qu'il pouvait invoquer en tout temps. La fête de notre saint patron était plus importante que notre fête d'anniversaire.

À neuf ans on faisait sa première communion. D'habitude elle avait lieu le dimanche après Pâques. Parrain et marraine étaient conviés à y participer. Toute la famille assistait avec fierté à la procession des petits communiants qui entraient à l'église deux par deux, chacun avec son ou sa camarade préférée, les filles vêtues en blanc, un voile sur la tête, les garçons en tenue noire avec cravate, le bras droit entouré d'un bandeau blanc. À midi, un repas de fête avec dessert était servi à la maison. L'après-midi on retournait à l'église pour la cérémonie de renouvellement de la foi par les communiants qui le proclamait avec la bougie baptismale allumée.

Habituellement, une photo était prise en souvenir de ce jour mémorable. Celle de Trudi la montre dans son costume blanc déjà porté par trois sœurs, la main droite sur le cœur, la bougie dans la main gauche, à ses côtés : sa camarade, la marraine, papa et huit frères et sœurs. Au fond, on aperçoit la façade de l'écurie avec l'ouverture par laquelle on engrangeait le foin. Les petits Paul et Franz sont vêtus de la même façon, comme il se doit pour la paire qu'ils formaient. La cravate de Sepp souligne son statut de gymnasien. Quant à moi, le regard tourné vers le sol, je porte toujours la jaquette d'il y a trois ans. Mais comme on est au printemps, les bas de laine ont fait place à des chaussettes montantes.

Première communion de Trudi

Avec la première communion, les enfants devenaient apprentis du christianisme. Ils avaient le droit d'aller à confesse et de communier – à jeun, comme il était prescrit –, et devaient participer à tous les services religieux obligatoires ainsi que suivre les leçons dominicales de catéchisme. Le processus d'apprentissage s'achevait par l'examen final du catéchisme avant la confirmation, dispensée tous les cinq à sept ans par l'évêque. Avec une légère tape sur la joue le confirmé était promu au statut de chrétien à part entière.

Depuis tout petit nous étions habitués à la présence de symboles chrétiens dans la maison, voire même dans l'étable : croix, rosaires, bénitier, images pieuses. Une prière précédait repas et couchers. Nous attendions avec impatience les fêtes religieuses, en premier lieu Noël. Pendant l'Avent, nous comptions les jours qui nous séparaient du soir où nous verrions de nouveau les lumières du sapin, merveilleusement décoré, plonger le salon dans une ambiance chaleureuse. La fête de St Nicolas le 6 décembre annonçait que ce temps n'était plus très loin. À la tombée de la nuit le soir précédent, assis dans le vestibule en haut de l'escalier d'entrée, les petits imploraient à haute voix le saint évêque de ne pas les oublier. Quand un sachet rempli de noix, pommes et pains d'épices était jeté par la fenêtre grande ouverte, ils savaient qu'il était passé par là.

Peu de temps avant Noël, les garçons étaient envoyés couper un petit sapin dans une forêt proche. Le rituel de préparation de la fête ressemblait beaucoup à celui que maman avait vécu dans son enfance. En fin d'après-midi, papa faisait une promenade avec les petits, qui étaient envoyés ensuite au lit où ils s'endormaient invariablement frétillant de joie anticipée. Maman et les grands décoraient alors en toute quiétude l'arbre de Noël avec des bougies, boules de couleurs et pièces de chocolat enveloppées de papier d'argent. Les chocolats étaient mangés à la fête des Rois. Je raffolais en particulier des souris remplies de pâte au sucre. Devant l'arbre décoré, la crèche que papa avait fabriquée trouvait place, avec l'enfant Jésus, Marie et Josef, les Rois Mages, le bœuf et l'âne, les bergers et les moutons. Ensuite, les cadeaux étaient disposés sous le sapin.

À présent la fête pouvait commencer. Avec une clochette, l'un de nous était envoyé réveiller les frères et sœurs qui, brusquement tirés de leurs rêves, descendaient l'escalier en titubant et écarquillaient les yeux dès qu'ils apercevaient l'arbre illuminé qui répandait une agréable odeur de résine de sapin. Maman lisait à haute voix l'histoire de la naissance de Jésus, les grands récitaient un poème puis tout le monde chantait « Voici Noël, oh douce nuit » avant que l'autorisation soit finalement donnée d'ouvrir les cadeaux, rarement plus d'un par enfant. Le mien provenait immanquablement de ma marraine et contenait une paire de bas de laine avec une poignée d'arachides et quelques mandarines. En fin de soirée, les plus vaillants d'entre nous accompagnaient maman à la messe de minuit.

J'en faisais évidemment partie puisque depuis la première communion j'étais devenu enfant de chœur. C'était une tradition chez nous, tous les garçons l'étaient. J'aimais aller à l'église et remplissais mon rôle de servant de messe avec joie et sérieux. Il me sortait un peu de l'anonymat et rehaussait l'estime dont jouissait notre famille dans le village. Pour moi c'était aussi une occasion bienvenue de passer du temps avec des garçons de mon âge, ce qui arrivait peu autrement. Nous n'avions en effet pas le droit de faire partie d'un club de sport ou du scoutisme. Les parents ne le voulaient pas, cela coûtait de l'argent.

Enfant de chœur, j'étais avant tout fasciné d'assister en première ligne à des cérémonies et rituels mystérieux. La manière dont ils liaient temporel et surnaturel avait quelque chose de magique. J'adorais en particulier les processions solennelles pendant la semaine des Rogations, entre Pâques et Pentecôte, effectuées pour attirer la clémence divine sur les champs. Certains jours, le prêtre bénissait des objets du quotidien, pain, bougies ou sel, objets censés protéger contre des maladies.

Pendant les offices religieux, l'Église employait toujours la langue sacrée du latin que les fidèles ne comprenaient pas, ce qui soulignait l'aspect mystérieux des cérémonies. Dans le rite tridentin qui était en usage jusque dans les années soixante, le ministre disait la messe le dos tourné à l'assemblée, le regard porté vers l'autel, symbole du sacré et du divin. Souvent, on célébrait la messe basse, l'officiant murmurant des paroles inaudibles, ce qui donnait à l'assistance l'impression qu'il était en communication avec un au-delà invisible. Seule la sonnerie de la clochette agitée par l'enfant de chœur interrompait parfois le silence. Personnellement, je préférais les grand-messes des fêtes importantes, animées par la chorale, messes pendant lesquelles je portais l'encensoir.

    L'événement le plus émouvant du calendrier ecclésiastique était la Semaine Sainte. Le Dimanche des Rameaux, des branches de houx étaient bénies en souvenir de l'entrée triomphale du Christ dans Jérusalem. Le Jeudi Saint, le prêtre découvrait l'autel après la messe et retirait le saint sacrement du tabernacle. Pendant deux jours, les cloches de l'église se taisaient – on disait qu'elles étaient parties à Rome –, remplacées par le bruit lugubre d'une crécelle pour commémorer les terribles événements du Golgotha. La nuit de Pâques, le deuil faisait place à l'allégresse quand le prêtre allumait le cierge pascal au feu devant la porte et le portait à pas mesurés dans l'église plongée dans l'obscurité, interrompant trois fois sa progression pour annoncer en chantant de plus en plus haut la résurrection de la Lumière du Monde.

Avec le recul du temps je m'étonne du nombre de fois où nous allions à l'église, même pendant la semaine. Pour les écoliers catholiques, la messe était impérative avant la classe. En mai et octobre, des dévotions spéciales étaient organisées le soir. Le repos dominical était une affaire sérieuse, dimanche était le Jour du Seigneur. Tout le monde assistait à la messe. Travailler était interdit sans autorisation expresse du clergé, même les paysans en avaient besoin pour faire les foins. On portait les meilleurs vêtements, bien différents de ceux des jours ouvrables. Pour les enfants, dimanche signifiait souvent trois passages à l'église : le matin pour la messe, l'après-midi pour le catéchisme et en fin de journée pour la prière du soir.

    Sans doute avions-nous parfois l'impression d'en faire un peu trop et aurions-nous plutôt aimé nous amuser. Mais nous n'avions pas le choix, tout le monde faisait de même, inutile donc de se plaindre. L'ordre du monde dans lequel nous vivions nous semblait immuable et indubitablement conforme à la volonté divine, même dans des détails apparemment insignifiants. Ainsi, il nous paraissait naturel qu'à l'église la place des hommes soit à droite et celle des femmes à gauche, il en avait toujours été ainsi. Nous ne connaissions rien d'autre.

L'enseignement religieux était un véritable endoctrinement. On nous demandait d'apprendre par cœur un ensemble de vérités dogmatiques que mon esprit enfantin n'avait ni l'envie ni la possibilité de mettre en doute. De ce fait, il était de mon devoir de remercier Dieu d'appartenir à ceux qui, par son décret insondable, étaient en possession de la seule vraie foi, alors que les protestants étaient exclus du paradis, bien qu'ils se disent également chrétiens. J'avais par contre l'obligation de prier pour eux, et possiblement d'aller convertir les païens.

Ce qui m'impressionnait encore plus était la perspective de la damnation éternelle qui guettait ceux qui bafouaient les commandements divins. Le danger était paraît-il réel car l'homme est par nature un faible pécheur qui succombe facilement aux tentations de l'adversaire de Dieu, le diable. Le Très-Haut qu'on nous prêchait était omniscient et prompt à punir, même s'il pouvait aussi se montrer miséricordieux. Le monde était rempli d'esprits effrayants, de pauvres âmes errantes, de démons, diables et créatures de l'enfer qui étaient aussi réels que les anges gardiens et saints, prêts à m'accorder leur aide.

Je disposais cependant d'une opportunité idéale pour effacer mes errements : aller à confesse au moins une fois par mois, notre mère insistait là-dessus. À l'époque, il n'existait que la confession auriculaire. Après un rapide examen de conscience sur un banc de l'église, je m'agenouillais dans le confessionnal pour chuchoter des peccadilles au prêtre qui écoutait derrière une grille, afin d'obtenir son pardon en échange d'une pénitence. À vrai dire je n'avais pas de notion précise du péché, mais Dieu voyait tout et il comptabilisait chaque écart de conduite, si minime soit-il. Seules les âmes pures étaient dignes de sa grâce. Celui qui meurt en état de péché mortel aboutit dare-dare en enfer, vision particulièrement terrifiante. Je trouvais donc toujours l'une ou l'autre petite faute à confesser. À chaque fois, l'effet de l'absolution était miraculeux, je quittais le confessionnal léger comme une plume pour réciter mes prières de pénitence. Je savais que si je mourais, je risquais tout au plus le purgatoire dont je pouvais sortir grâce aux prières et indulgences des fidèles. La pratique des indulgences était en vogue, il était facile de les obtenir en respectant des règles simples.

C'est seulement des années plus tard que j'ai pris congé de ce Dieu comptable, menaçant et aisément en colère.

Un événement récurrent eut une influence majeure sur ma trajectoire personnelle: le Dimanche des Missions fin octobre. Ce jour-là, un représentant d'une société religieuse engagée dans la mission venait prêcher à la grand-messe et obtenait en échange le produit de la collecte. L'après-midi il tenait une conférence avec diapositives pour parler de son travail de missionnaire. Tous les écoliers étaient invités.

En 1952, je pus assister à celle d'un Père Blanc. Sa soutane immaculée et son immense barbe firent sur moi une telle impression qu'il devint mon héros. Je me mis à rêver que je partirais un jour comme lui en Afrique du Nord convertir des nomades musulmans. Il se peut que l'exemple de mon frère Sepp ait également joué un rôle dans ce projet. Il entra l'année suivante au gymnase de la Société des Missionnaires de Bethléem pour devenir un jour prêtre-missionnaire.

S'agissait-il aussi du souhait inconscient d'échapper à un monde dans lequel je commençais malgré tout à me sentir un peu à l'étroit ? Quoiqu'il en soit, je savais que si je voulais réaliser mon objectif je devais avoir de bonnes notes à l'école.

L'école, porte vers un avenir meilleur

Peu après Pâques 1946, une étape importante commence dans la vie de Marietta. Le printemps est arrivé. Pour les élèves du primaire, il annonce le début d'une nouvelle année scolaire. Désormais, Marietta en fera partie, elle est la première de la fratrie à entrer dans la ronde, plus de deux décennies avant le dernier. Toutefois, ce jour-là, elle monte seule à l'école : avec quatre petits à la maison, maman ne peut pas l'accompagner. Pendant toute l'école primaire, Marietta sera instruite par des religieuses du couvent d'Ingenbohl. Elle est une élève brillante, suit les cours sans peine, même en calligraphie, elle a d'excellentes notes. Savoir former de belles lettres correctement inclinées est encore un élément clé de l'apprentissage scolaire, beaucoup se sont cassés les dents là-dessus. Docile et appliquée, ma sœur n'a jamais maille à partir avec les institutrices, « les cheveux se dressent sur ma tête quand j'entends mes contemporaines parler de l'école », me confiera-t-elle.

Ce n'est donc pas une surprise quand, au printemps 1952, à la fin de la sixième, Marietta passa avec succès l'examen d'entrée à l'école secondaire d'Altdorf. Elle se demande encore qui l'a incitée à le faire, la proposition ne serait en tout cas pas venue d'elle. Elle affrontait en effet ce passage avec des sentiments mitigés. Elle avait peur de se faire remarquer, avec ses vêtements démodés, ses souliers aux semelles en bois, sa vieille bécane et son sac en tissu dans lequel elle transportait ses affaires scolaires. Mais ses camarades de classe ne la snobèrent pas. Là encore, l'enseignement était dispensé par des nonnes. Marietta dit qu'elle a vécu deux très belles années à l'école secondaire.

Un an après Marietta, c'est au tour de Sepp de commencer l'école. Lui aussi se révèle être bon élève si l'on excepte la calligraphie. Sa matière préférée est le calcul. Immédiatement après la première communion, il devient enfant de chœur. Quand il fréquente la sixième, un Père des Missionnaires de Bethléem frappe à notre porte. Directeur de leur petit séminaire dans la vallée du Rhin saint-galloise, il est à la recherche de jeunes recrues pour devenir prêtres. Consulté, le curé a pensé à Sepp. Papa et maman donnent leur accord et laissent partir leur aîné, bien que la pension – pourtant fort modeste – allait peser lourd sur le budget du ménage. Sepp n'a pas non plus d'objection. Jusqu'alors, il n'avait pas rêvé du sacerdoce, mais le trouva tout à coup plausible. Par ailleurs, il savait qu'il s'agissait pour lui d'une opportunité à ne pas manquer de poursuivre ses études.

Deux histoires banales si elles n'étaient pas arrivées il y a plus d'un demi-siècle. Elles n'ouvraient pas seulement des perspectives inespérées aux deux aînés, mais elles étaient aussi décisives pour nous qui venions après. Car pour nos parents il était évident qu'ils ne pourraient permettre aux premiers ce qu'ils refuseraient aux suivants.

De nos jours, il est normal qu'un jeune suive de longues formations, à l'extrême, bien au-delà de ses vingt ans. Dans les années cinquante cependant, le monde tournait encore différemment à Uri. Peu de jeunes d'alors ne se contentaient pas des sept années obligatoires du primaire et faire un apprentissage, voire des études académiques, était totalement inhabituel pour des enfants d'ouvriers ou de paysans. Aller à l'école secondaire était le privilège d'une petite minorité. Quand Marietta se soumit à l'examen d'entrée, elles étaient seulement deux de sa classe à le faire ! De plus, ce niveau d'instruction n'était pas encore proposé à Schattdorf qui comptait pourtant près de deux mille âmes.

J'ignore si papa et maman poursuivaient une stratégie avec les deux premiers, et de quoi notre avenir aurait été fait si ceux-ci n'avaient pas été si intelligents. Autrefois cependant, il ne suffisait pas d'être bon élève pour pouvoir continuer les études. Bien des parents refusaient à leurs rejetons doués de retourner sur les bancs de l'école à la fin du primaire et les obligeaient à chercher sans tarder un emploi. Les filles étaient particulièrement victimes de ce refus. Dans leur cas étudier ou faire un apprentissage était considéré comme de l'argent jeté par la fenêtre, elles allaient de toute façon bientôt se marier.

C'est donc un grand mérite de nos parents de ne pas avoir entravé les projets de Marietta et de Sepp. Ils le firent sans doute par conviction. Tous les deux souffraient de leur faible niveau d'éducation, responsable à leurs yeux des difficultés financières dans lesquelles ils se débattaient. Hanni en est convaincue : « Papa ne voulait pas que nous finissions comme bonnes ». Lui et son épouse se mettaient en quatre pour nous offrir un meilleur avenir. Pour eux l'école était l'accès vers un futur prometteur. Toutefois ils ne faisaient pas vraiment pression sur nous. Ils ne nous étaient pas non plus d'une grande aide pour les devoirs, ils n'en avaient ni les compétences ni le temps. Mais ils nous encourageaient sans cesse : « apprenez, apprenez » disaient-ils, et s'attendaient à ce que nous donnions le meilleur de nous-mêmes. Maman veillait à ce que, arrivés à la maison, nous fassions d'abord nos devoirs. Elle et son mari regardaient toujours attentivement nos bulletins scolaires. La plupart du temps, c'était papa qui les signait. Celui d'entre nous qui ramenait des notes moyennes était exhorté de redoubler d'efforts. Une bonne note par contre n'était pas spécialement relevée, tout le monde savait toutefois que celui ou celle qui faisait partie des meilleurs rendait nos parents secrètement fiers.

Les souvenirs de l'école primaire divergent dans la fratrie. Les talents étaient inégalement distribués, même si tout le monde se situait au moins dans la bonne moyenne. Les uns brillaient avec de très bonnes notes alors que d'autres devaient fournir plus d'efforts ou étaient freinés par des problèmes d'apprentissage non identifiés. Dans une école villageoise comme la nôtre, il était aussi pratique courante de comparer les frères et sœurs entre eux. Les enseignants de Schattdorf le faisaient ouvertement pour admonester les plus faibles.

Plusieurs d'entre nous l'apprirent à leurs dépens. Trudi par exemple souffrait de dyslexie, handicap ignoré par ses institutrices. Elle était bonne en calcul et travaux manuels, mais avait du mal avec la lecture et l'écriture. Hanni par contre, sa sœur à peine plus âgée, figurait partout dans le peloton de tête et était louée haut et fort par les maîtresses. À la fin de la sixième, elle se présenta brillamment à l'examen d'entrée au secondaire. Trudi par contre décida d'attendre la fin de la septième pour tenter sa chance – avec succès – parce qu'elle savait qu'elle éviterait ainsi d'être une fois de plus comparée à sa grande sœur puisqu'elle n'aurait pas la même institutrice.

La comparaison pouvait s'avérer fort préjudiciable parce que l'avis des enseignants était décisif pour la poursuite d'une carrière scolaire. Les meilleurs élèves trouvaient en eux des avocats influents, les plus faibles des procureurs implacables. Tenter d'aller à l'encontre de leur jugement était peine perdue, Vreni en fit l'amère expérience. Elle aussi aurait aimé se présenter à l'examen d'entrée au secondaire, convaincue qu'elle réussirait à passer l'obstacle. Toutefois, elle avait moins de facilité à apprendre que sa grande sœur, raison pour laquelle sa maîtresse refusa de l'inscrire. Était-ce notre mère ou notre père qui décida qu'il était mieux qu'elle aille travailler, oubliant pour une fois leur principe selon lequel chaque enfant devait pouvoir continuer sa formation s'il le souhaitait ? Ils accordaient plus de crédibilité à l'opinion de l'institutrice et pensaient que leur fille pourrait faire un apprentissage plus tard.

Vreni fut victime d'une double malchance : elle était forcée de défendre sa cause sans avocat et arriva au terme de sa scolarité obligatoire au moment précis où la famille était confrontée à un manque d'argent sévère. Il y avait déjà neuf enfants, le dixième était en route, et papa était seul à gagner un salaire. Deux ou trois ans plus tard, la situation aurait été sensiblement meilleure. Vreni sera l'unique membre de la fratrie à ne pas faire d'apprentissage. Quand, plus tard, elle en aurait eu la possibilité, elle ne le voulut plus, sans école secondaire elle ne croyait pas à ses chances de succès.

La plupart des enseignants n'ont pas laissé d'empreinte indélébile dans ma mémoire. Je me souviens par contre des méthodes d'enseignement caractéristiques de l'époque. L'école primaire de mon enfance ne se distinguait guère de celle qu'avaient connue mes parents. L'équipement pédagogique de mes instituteurs était d'un niveau assez modeste. Mémorisation, calcul mental et enseignement frontal occupaient une place centrale dans leur répertoire. Comme on manquait d'enseignants formés, on pria un maître d'école retraité de reprendre du service. Pédagogue de la vieille école, il croyait dur comme fer aux vertus des sévices corporels. Chez lui, les coups de bâton sur la paume de la main se comptaient par dizaines, voire centaines chaque jour. Personnellement, je n'eus pas à en pâtir, mais si le contraire m'était arrivé il aurait été inutile de me plaindre auprès des parents. Pour sûr ils auraient dit : « Tu l'as certainement mérité ». Le style d'enseignement n'était pas sujet à controverse. L'école vivait en harmonie avec le sentiment populaire. Les maîtres et les maîtresses étaient perçus comme des autorités à qui l'on témoignait du respect. On ne les critiquait pas.

Bien sûr, j'appris des choses à l'école. Elle me transmit les connaissances fondamentales en lecture, écriture, calcul, géographie, histoire patriotique et religion dont j'aurai besoin plus tard. La population n'attendait pas plus d'elle. Pour le gros de la jeune génération, cette base était suffisante pour entrer dans la vie active. Foncièrement, l'école primaire ne m'a pas dépaysé en me conduisant vers des sphères de savoir insoupçonnées. En vérité, elle ne m'a même pas rendu curieux. Penser et explorer par soi-même n'étaient pas au programme. Personne ne nous encourageait à lire des livres. L'école villageoise ne me donna que ce que la société attendait d'elle. Elle m'inculquait les mêmes vertus que le milieu familial et l'Église : discipline, obéissance, diligence, propreté, respect des autorités, etc. Sepp et moi allions l'apprendre sous peu : le collège posera d'autres exigences!

L'école fera néanmoins souffler un nouveau vent sur nos existences. Elle nous inséra dans la communauté villageoise. Certes, maman voulait que nous rentrions sans tarder à la fin des classes, elle craignait que traînasser nous incite à commettre des bêtises alors qu'un tas de travail nous attendait à la maison. Mais nous étions rarement seuls sur le chemin de l'école. Avec le temps, chacun de nous fit la connaissance de camarades avec qui se lier d'amitié.

Grâce à l'école, nous étions aussi amenés parfois à faire des jeux comme taper dans une balle ou pratiquer des activités sportives, comme la luge en hiver. L'école nous prêtait aussi des skis, ce qui au départ n'enchanta guère nos parents. Papa déconseilla à Sepp d'en emprunter, il aurait eu besoin de pantalons et de chaussures appropriés, ce qui aurait été coûteux. Quand je fus assez grand pour en louer, papa et maman ne s'y opposeront pourtant plus. Cependant il était difficile d'apprendre à skier sur les lattes en bois dépourvues de carres qu'on nous proposait, avec pour fixation, de simples lanières en cuir. Il était hors de question d'effectuer des courbes élégantes. Nous nous contentions de dévaler des pistes tassées à pied sans faire de virages. Le summum de l'exploit était de filer à toute allure droit en bas et de s'y arrêter net sans tomber.

Les aînés testent leurs ailes

Le milieu des années cinquante indique le début d'une nouvelle phase dans l'histoire de la famille. Alors que le nombre d'enfants s'approche de son état final et que les plus jeunes entrent à l'école ou atteignent la puberté, le temps est venu pour les aînés de se détacher peu à peu du foyer initial. Ce processus se déroule sans accroc mais laisse des traces dans l'économie familiale. Dorénavant, les parents ne sont plus seuls à subvenir aux besoins du ménage, ils sont aidés par quelques-uns des plus âgés.

Si l'on compare les différentes trajectoires de la fratrie, il se dégage deux entrées distinctes dans la vie active. Les uns optent pour une formation professionnelle, commencent à travailler et se marient tôt, les autres font des études longues et prennent leur temps pour fonder une famille. Les deux voies se dessinent dès les années cinquante, avec des conséquences contraires pour le budget familial. Trois des cinq aînés suivent la première piste et sont rapidement à même de contribuer à la caisse commune, les deux autres entrent au gymnase, ce qui la grève plutôt que de la remplir. Ces scénarios divergents reflètent l'attitude des parents pour qui chaque enfant doit pouvoir se développer en fonction de ses inclinations et talents.

Il y a bien sûr aussi les circonstances contextuelles qui ont joué un rôle, en particulier pour Vreni. Elle est la seule parmi nous qui commence en 1956 à travailler tout de suite après l'école primaire. Elle aussi aurait aimé continuer à se former, mais les parents en ont décidé autrement. Plus tard, elle dira cependant qu'être forcée d'aller au charbon si jeune ne l'a pas complètement prise au dépourvu. Depuis toute petite, elle avait été habituée à travailler. Ainsi, elle passa plusieurs étés sur un alpage ou chez des paysans, et vers la fin du primaire elle aidait dans un restaurant.

Toutefois, ses premiers emplois proprement dits connurent une fin abrupte. Dans le premier, Vreni se sentait brimée et refusa d'y retourner après le congé de Noël. Dans le suivant, on la congédia sans coup férir parce qu'elle avait imprudemment accepté l'invitation d'un homme beaucoup plus âgé à faire une virée en moto. Rien d'inconvenant ne s'était passé entre eux, mais l'employeur trouva pareil comportement inadmissible. De toute évidence, ma sœur éprouva quelque peine à accepter son sort, peut-être se sentait-elle comme un oisillon poussé du nid avant d'avoir appris à voler correctement. Ce n'est qu'en automne 1959 qu'elle trouva un emploi dans un café-restaurant à Zurich où elle se sentit à l'aise. Certes, sa paie n'était pas mirobolante et elle était directement envoyée à la maison. On ne lui donna qu'un peu d'argent de poche, et une fois par mois elle reçut un billet de train pour aller voir sa famille. Mais le travail lui plaisait. Elle apprenait beaucoup, raison pour laquelle elle y resta jusqu'à sa majorité. À vingt ans, elle prit le parti de devenir serveuse dans un restaurant réputé, puis dans un autre et encore un autre, changeant souvent de place, d'abord à la campagne, puis de nouveau en ville, le milieu qui lui convenait le mieux. Désormais elle gagnait bien sa vie et n'était plus obligée d'envoyer son salaire à la maison.

Les deux autres soutiens financiers de la famille étaient Marietta et Martin. Leur parcours de vie comporte beaucoup de similarités. Tous deux choisirent une formation qui au fond ne correspondait pas vraiment à leurs aspirations, mais était un compromis entre préférences personnelles, opportunités et attentes des parents. Ils connaissaient l'état précaire des finances familiales et considéraient qu'il était de leur devoir de venir en aide le plus rapidement possible. Ils trouvèrent des places d'apprentissage dans les environs, remirent pendant longtemps à maman la majeure partie de leur salaire et furent les premiers à se marier – avec des conjoints rencontrés dans le voisinage.

À la fin de l'école secondaire, Marietta partit en septembre 1954 pour une année à Fribourg. Elle n'était pas trop confiante, et ces douze mois seront les seuls de sa vie qu'elle vivra en dehors de Schattdorf. Mais un séjour au pair en Romandie était alors un passage incontournable pour bien des jeunes filles suisses allemandes, à l'instar du service militaire pour les hommes. Marietta l'effectua comme volontaire dans un pensionnat de jeunes filles tenu par des religieuses où elle travailla dur et n'apprit que peu de français. Certes, elle suivait régulièrement des leçons et bûchait grammaire et vocabulaire de la langue de Voltaire, mais elle avait peu d'occasions pour s'exercer en conversation parce qu'elle vivait avec d'autres volontaires, toutes venues d'Outre-Sarine comme elle. « On nous demandait de parler français, mais évidemment nous ne respections guère cette règle ». Les rares sorties en ville étaient organisées en groupe et surveillées par une nonne. Chaque semaine, Marietta recevait une lettre de sa mère, elle s'en étonne encore : où maman trouvait-elle le temps pour lui écrire ? Mais pas de doute, sa fille aînée lui manquait énormément. Une fois même ma sœur en reçut une de papa, privilège dont elle sera la seule de la fratrie à bénéficier. Mon père n'aimait pas écrire, ses mains calleuses se prêtaient mal à cet exercice.

Marietta et lui rentrèrent le même jour, elle de son stage, lui de son dernier cours de répétition militaire. Elle aurait aimé devenir institutrice ou couturière, formations pour lesquelles il aurait fallu débourser de l'argent. Ma sœur est convaincue que les parents ne s'y seraient pas opposés mais, ne voulant pas rendre leur vie plus difficile, elle accepta en lieu et place un poste d'apprentie-vendeuse dans un magasin pour vêtements à Altdorf pour lequel elle toucha un petit salaire. L'apprentissage dura deux ans et demie, elle le trouva enrichissant et le termina avec une bonne note. Au passage, elle profita de la présence d'une couturière qui lui enseigna les bases de son métier. Après l'examen final, elle resta fidèle à l'entreprise. Une seule fois elle eut l'idée de quitter le canton, on lui avait proposé une place en Argovie, mais voyant la mine défaite de sa mère elle abandonna le projet. Elle n'avait aucun problème à lui remettre son salaire, c'était une pratique courante pour une fille comme elle.

Martin rêvait aussi de devenir instituteur. L'école était en train de gagner en importance et financièrement parlant, le métier d'enseignant devenait plus attractif. En 1957, mon frère passa avec succès son examen d'entrée à l'école secondaire inférieure du collège d'Altdorf. Mais il se rendit compte que l'école normale aurait pesé lourd sur les finances familiales et, comme il n'atteignit pas le niveau espéré dans quelques matières importantes, il se décida de suivre l'exemple de son père et de devenir menuisier. Physiquement pourtant, ce métier demanda beaucoup à son organisme en pleine croissance. Chaque fois qu'il rentrait pour le repas de midi, il avalait d'abord un grand morceau de pain avant de se mettre à table.

L'apprentissage terminé, il participa à la construction de la nouvelle maison, s'enrôla dans l'école de recrue puis postula pour un emploi dans l'entreprise qui venait d'engager notre père. Toutefois, en 1966, il quitta le canton pour une ville du Plateau. Même si au fond il aurait préféré rester dans son milieu d'origine, les conditions de travail étaient beaucoup plus attractives dans ce nouvel environnement. Simultanément, il entreprit de se préparer pour la maîtrise de menuisier et postula avec succès à une place d'instructeur en travaux manuels dans les classes terminales du primaire du canton de Zurich. Par ce détour il réussit finalement à réaliser son rêve de devenir instituteur.

À douze ans et demi, Sepp et moi quittions notre foyer natal avec l'objectif de devenir prêtres et missionnaires. Les deux premières années, nous suivîmes les classes préparatoires à Rebstein, puis les cinq années consécutives d'études gymnasiales classiques à Immensee, en ce qui me concerne grâce au soutien d'un sponsor. La vie à l'internat se déroula dans un milieu exclusivement masculin. En dehors des vacances, nos contacts avec la famille se résumaient à l'envoi de notre linge sale à la maison dans une petite valise en osier, accompagné d'une courte lettre écrite à la hâte, linge que maman nous renvoyait lavé et repassé avec une missive tout aussi peu loquace qui ne contenait guère de nouvelles.

Notre désir d'entrer dans les ordres religieux était sincère, tout comme celui de suivre des études. Pour des enfants doués issus de milieux ruraux pauvres, cette approche constituait pour ainsi dire la voie royale vers une instruction académique. Peu de parents catholiques croyants osaient se mettre en travers du projet de leurs enfants qui aspiraient à devenir prêtres ou religieuses, car offrir à Dieu un fils ou une fille était un honneur hautement apprécié dans notre société. Ni Sepp ni moi n'aurions osé demander à nos parents de nous autoriser à suivre les classes gymnasiales au collège d'Altdorf pour embrasser ensuite une carrière « laïque », par exemple de médecin ou de notaire.

Sepp fut le premier à partir. En avril 1953, papa l'accompagna en train jusqu'à Arth-Goldau où l'attendait le directeur du collège à qui il remit deux cents francs d'acompte pour

Sepp et moi portant le képi de collégien, entourés par toute la famille au printemps 1959

la pension. Mon frère s'adapta vite à l'internat, mais il constata que l'école primaire l'avait mal préparé à suivre les cours. Par exemple, il ignorait tout de la grammaire allemande. Par ailleurs, Sepp aurait aussi préféré apprendre les langues modernes au lieu du latin et du grec ancien, mais le recteur refusa net. Selon lui la maturité de type B était destinée à des élèves en difficulté. Celui qui ne réussissait pas la maturité en grec-latin n'était pas assez intelligent pour poursuivre des études supérieures. Pendant les vacances, mon frère gagna un peu d'argent dans une usine ou sur un chantier pour contribuer au financement de sa pension. En juin 1960, il réussit sa maturité, ce qu'aucun ascendant familial n'avait accompli avant lui, puis il entra au noviciat de la Société de Missionnaires. Dorénavant, les parents n'avaient plus besoin de payer pour lui.

Cinq ans après Sepp ce fut mon tour d'entreprendre le voyage vers la vallée du Rhin saint-galloise. Jamais encore je ne m'étais aventuré aussi loin. Mon vœu d'entrer chez les Pères Blancs n'avait pas été exaucé, ce fut Rebstein comme mon frère. Je suppose que mes parents préféraient suivre le cheminement testé par mon frère, plutôt que de m'envoyer vers une destination inconnue.

Commença alors pour moi une aventure intellectuelle passionnante qui finit par égratigner petit-à-petit l'univers idéologique et les croyances de mes origines. La vie à l'internat était étroitement réglementée du matin au soir. Elle consistait en études, exercices religieux, sports et expériences de la camaraderie que j'appréciais d'autant plus que j'en avais été relativement privé pendant mon enfance. Les études n'avaient plus grand-chose en commun avec ce que j'avais connu à l'école primaire. Je suivais maintenant une formation humaniste classique qui m'amenait dans des sphères intellectuelles inconnues et stimulaient pour la première fois ma curiosité. Dans l'ensemble, les Missionnaires de Bethléem se signalaient par leur ouverture d'esprit au monde moderne. Ils prirent au sérieux les préoccupations de Vatican II dont nous suivions les débats avec passion. Bien que la plupart des professeurs fussent prêtres, ils étaient en général bons pédagogues et nous incitaient à développer un jugement indépendant. Académiquement bien formés et idéologiquement étonnamment impartiaux, plusieurs d'entre eux nous invitaient à comparer nos convictions avec celles d'autres écoles de pensée et à les juger à l'aune de l'histoire. Langue, littérature et histoire devinrent mes matières préférées.

Timidement, je commençais à faire face à l'idée que les croyances de mon enfance n'étaient qu'une forme de pensée parmi d'innombrables autres variantes de ce que les hommes du monde entier avaient tenu pour vrai jusqu'à présent. Pour quelles raisons seraient-elles les seules véridiques ? Il en allait de même de la foi. Mon quotidien était rempli d'activités religieuses intenses. Il ne se résumait plus aux pratiques rituelles que j'avais tant aimées et trouvées belles comme enfant de chœur. La prière était plus personnelle, je pratiquais la méditation, lisais les écritures saintes et faisais des retraites spirituelles qui me lançaient constamment des défis. Lentement, des points de vue que j'avais crus incontestables se mirent à chanceler. Pour la première fois de ma vie, le monde de mon enfance ne rayonnait plus la stabilité réconfortante que j'avais connue depuis tout petit. Ses ailes s'avérèrent beaucoup moins porteuses que présumées.

8

Une décennie de lumière et d'ombres

Nouvelle maison et nouvelle ère

Fin 1962, la famille aménagea dans la nouvelle maison. Commença alors une décennie alternant moments joyeux et heures sombres.

1962 fut une année spéciale, celle des noces d'argent de nos parents. Ils les fêtent en s'offrant à nouveau un bref séjour à Madonna del Sasso avec le couple avec lequel ils se sont mariés, et fixent un rendez-vous chez le photographe, cette fois pour documenter le fruit de leur union. Cette photo de famille sera la seule réalisée par un professionnel. Tout le monde s'est mis sur son trente et un. Les hommes portent un costume sombre avec une cravate ; même le petit Paul en a une. Les femmes sont vêtues avec élégance : robe, blouse, tailleur deux-pièces. Les jeunes portent des chaussettes blanches, Vreni un bijou discret autour du cou. Les aînées ont les cheveux coupés court, c'est la coiffure à la mode. Markus est assis sur les genoux de maman, les autres enfants sont debout autour des parents. La petite taille de Martin est compensée par un escabeau invisible.

La photo de famille de 1962.
Au premier rang : Maman, Markus, Franz, Paul, Agnes et Papa.
Au deuxième : Trudi, Vreni, Martin, Sepp, moi, Hanni et Marietta

Joliment encadrée, la photo ornera le salon familial, puis la chambre de maman au home pour personnes âgées.

La nouvelle maison constitue l'apogée de l'année. Les plans sont prêts depuis des mois, la parcelle enregistrée dans le registre foncier et l'hypothèque négociée avec la banque quand, durant l'été 1962, on réalise le gros-œuvre, suivi en automne par l'aménagement intérieur. Les travaux sont confiés à des entreprises locales. Notre père prend un congé non-payé et participe avec Martin aux finitions. Pendant ce temps, maman passe des nuits agitées, elle craint que la construction ne précipite la famille dans une aventure financière. Papa ne partage

Premier Noël dans la nouvelle maison. Markus admire l'arbre.

pas ce souci, il se sent en sécurité grâce au prêt bancaire. Mais le projet n'aurait pas été réalisable s'il était resté le seul salarié dans la famille.

Le déménagement eut lieu juste avant Noël. La vieille maison fut mise en location. Le nouveau logement générait une sensation de bien-être inconnue. Nous nous rendîmes vite compte de ce qui nous avait manqué sans que nous en ayons eu conscience. L'intérieur était beaucoup plus clair. La lumière pénétrait de partout, dans toutes les directions on jouissait d'une vue enchanteresse sur les flancs des montagnes et les sommets qui entourent la vallée.

Dans les chambres, le bois sentait bon le vernis et le chauffage central diffusait une chaleur douillette. Les pièces étaient spacieuses et assez nombreuses pour permettre de vivre ensemble sans jamais s'y sentir à l'étroit. Le mobilier du logement était neuf, les sols faciles à nettoyer et la cuisine aménagée de manière fonctionnelle. Préparer les repas sur une cuisinière électrique était un vrai plaisir comparé avec le potager à bois, noir de suie, de la vieille maison. Les vivres se conservaient longtemps dans le frigidaire. Mais nous apprécions avant tout les installations sanitaires, en premier lieu l'eau chaude des robinets. Martin se souvient toujours avec délectation de son premier bain. Et que dire des toilettes sans odeurs désagréables où l'on ne gelait plus l'hiver ?

Le niveau inférieur de notre appartement était le royaume des parents. C'est là aussi que se réunissait la famille pour manger, jouer aux cartes, recevoir des visiteurs, regarder la télévision. Il comprenait un vestibule, un salon, un WC avec douche, trois chambres et une cuisine dans laquelle trônait une grande table. Le salon était équipé d'une table à rallonge pour les repas de fête. Dans une des chambres maman installa une machine à tricoter sur laquelle elle confectionnera une quantité incroyable de pullovers. Nous disposions enfin d'un téléphone, bien qu'au début la ligne ne soit pas toujours libre parce que nous la partagions avec un voisin. La plupart des enfants dormaient au troisième étage et y bénéficiaient d'un avantage très apprécié pendant l'adolescence : s'ils rentraient tard, ils pouvaient se soustraire au contrôle sourcilleux de leur mère en montant sans faire de bruit.

La nouvelle habitation reflétait parfaitement ce qui était en train de se passer autour de la famille.

Nous étions témoin de la genèse d'une nouvelle ère qui bousculait l'ancien mode de vie pour finalement le mettre sens dessus dessous. Certes, à Uri, l'évolution était lente, le renversement des valeurs progressait presque insensiblement, laissant les traditions longtemps subsister à côté de la modernité. Le moteur du changement était une économie en plein essor. Les premiers signes d'une prospérité générale apparaissaient, même si dans la région les salaires n'augmentaient qu'à faible allure. Une société de loisirs et de consommation inédite était sur le point de prendre place. École secondaire et formation professionnelle devenaient la règle, tout comme voyager et prendre des vacances. Les filles pouvaient enfin fréquenter le gymnase et l'école normale dans le canton.

Grâce à Vatican II, l'Église catholique bougeait. La population appréciait surtout la levée des interdictions de manger avant la communion et de consommer de la viande le vendredi, ainsi que la messe célébrée face à l'assemblée dans la langue usuelle. Autre changement symbolique : l'admission des filles comme enfants de chœur. La pilule contraceptive révolutionnait le comportement sexuel de la jeune génération. En 1959, les hommes suisses avaient rejeté à une large majorité le droit de vote des femmes, mais une nouvelle tentative douze ans plus tard sera couronnée de succès.

Toutefois à Uri il fallut s'y prendre à deux reprises. Les valeurs et comportements traditionnels n'y battront pas en retraite sans résistance. Bien des changements qui aujourd'hui vont de soi durent être conquis de haute lutte. Le passage des habitudes de la vieille société agraire au « lifestyle » de l'ère technologique moderne ne s'accomplit pas sans frictions.

Le changement d'employeur de notre père, immédiatement après la réalisation de la maison, s'intègre bien dans ce climat de renouveau. Il s'était enfin laissé convaincre que la vie sur les chantiers ne lui convenait plus, et il eut la chance de trouver un travail dans une menuiserie située tout près. Il y travaillait au sec, n'était plus exposé aux intempéries. En plus, son salaire fut augmenté et il eut droit à des vacances.

Les aînés quittent le foyer familial

Vingt-sept ans après le mariage de Dominik et Marie, la cloche de la chapelle des Pallotins à Morschach sonne. Elle nous convie à participer à une noce. Nous sommes le samedi 23 mai 1964. C'est un agréable jour de printemps, il y a un soupçon de foehn dans l'air. Toute la famille et de nombreux invités entourent fièrement les fiancés. Pour rien au monde nous aurions voulu manquer ce moment, car ce n'est pas tous les jours qu'on accompagne l'aînée de la famille à convoler. Marietta est la première de la nichée à contracter mariage. Cependant, les habitudes ont beaucoup changé depuis les noces des parents.

Ma sœur avait rencontré Ernst deux ans auparavant lors d'une fête de musique. Lui aussi descendait d'une grande famille paysanne de Schattdorf. Il était menuisier et travaillait dans la même entreprise que papa et Martin. Trois mois avant les noces le couple célébra ses fiançailles, puis participa à une retraite spirituelle pour futurs mariés. Marietta pense néanmoins qu'elle a été bien mal préparée à fonder une famille. Après la retraite, on fit publier les bans à la mairie, mais la pratique de l'annonce de la promesse de mariage à l'église avait entre-temps été abandonnée. Parce que la majorité de la population gagnait maintenant sa vie comme salarié, le samedi était devenu le jour favori pour organiser la cérémonie ; cela empiétait moins sur le travail. Marietta et Ernst avaient choisi une chapelle à proximité du couvent où Hanni vivait depuis peu. Ainsi elle put également assister à la messe nuptiale qui avait lieu au milieu de la matinée avec un grand nombre de convives invités par un carton imprimé. Un bus fut loué pour transporter tout le monde.

Après la cérémonie, le couple avait rendez-vous dans un studio pour la traditionnelle photo de mariage. Mais son style avait sensiblement changé depuis l'époque des parents : l'ambiance est décontractée, les mariés sourient et rayonnent de bonheur. La sélection des couleurs évoque la pureté. Sur Marietta tout est blanc, sa robe de mariée, le léger voile sur la tête,

Marietta et Ernst le jour de leur mariage

les rubans du bouquet qu'elle tient dans ses mains. L'époux a choisi une chemise blanche et une cravate argentée. Le tabouret et l'arrangement floral à côté sont dans les mêmes teintes.

Après la photo, la compagnie se rend dans un restaurant pour un vrai menu de fête : escalopes à la crème, pommes frites, Coupe Jacques ! Un accordéoniste et un animateur chauffent l'ambiance et quelqu'un prend des photos que Marietta collera soigneusement dans un album souvenir. Après le repas, tout le monde monte dans le bus pour une petite excursion, et les festivités se terminent par un bal. Le lendemain, les mariés partent pour une brève lune de miel au Tessin.

Le mariage de Marietta enclenche un processus qui finira naturellement par s'emparer de chaque famille. À un moment donné, l'un après l'autre, les enfants vont quitter le foyer familial pour créer leur propre ménage.

Le premier dans notre famille à continuer la série des mariages est Martin. Il n'avait pas cherché très loin pour choisir l'élue de son cœur. Martha appartenait à la première famille de locataires dans la nouvelle maison. Le mariage eut lieu en 1968. À cette époque, Martin n'habitait plus dans le canton. Mais il avait acheté une voiture et rentrait tous les week-ends. Il était le premier de la famille à en posséder une et jouait volontiers au chauffeur pour tout le monde. Comme c'était la coutume, il se fiança puis fêta son mariage avec de nombreux convives, messe nuptiale, photo en studio, repas somptueux, bal, etc. Peu de gens étaient au courant du fait que Martha était enceinte, et personne n'en prendra ombrage une fois le secret divulgué, à l'exception de maman. Elle trouvait que le couple aurait dû se marier plus tôt s'il ne voulait pas attendre.

Une année plus tard, ce fut au tour de Vreni d'annoncer son intention d'épouser Franz qui avait également grandi à Uri. Le couple s'était rencontré dans la ville du Plateau suisse où Vreni était serveuse et Franz travaillait comme mécanicien sur auto. Lors de leur première rencontre, les deux s'étaient lancés quelques regards, ils avaient l'impression de se connaître. La curiosité prit le dessus : le contact était noué. Quand ils se marièrent, ils vivaient déjà ensemble. Ils durent pourtant faire chambre à part chez nous la nuit avant leurs noces. Pour notre mère, il était contraire à la morale de dormir dans le même lit avant le passage à l'église.

Au moment de ces événements, les autres aînés avaient également quitté la famille, même s'ils ne projetaient pas encore de fonder leur propre cellule familiale car ils étaient toujours en formation. Financièrement parlant, ils ne recevaient plus d'aide des parents. C'était la règle chez nous, au plus tard à la majorité. Ainsi, Sepp et moi avons financé nos études universitaires grâce à une petite bourse et un prêt du canton d'Uri et en travaillant pendant les vacances.

Sepp décida en 1963 de quitter temporairement le séminaire parce qu'après dix ans à l'internat, « sous la cloche », il avait l'impression de ne rien savoir de la vie. Il n'y retournera plus. Il s'immatricula à l'Université de Berne dont il sortit cinq ans plus tard avec une licence en sociologie.

Quant à moi, j'obtins le diplôme de maturité en 1965. Pendant les dernières années du collège, j'avais sérieusement commencé à douter de ma vocation sacerdotale. Entre mes convictions personnelles et les prescriptions de l'Église, le désaccord grandissait. Le doute me rongeait, le dilemme était profond, mon tenace rêve d'enfance ne se laissait pas facilement éliminer. Au bout du compte, et à mon corps défendant, je me rendais à l'évidence que je devais me tourner vers de nouveaux horizons si je voulais rester fidèle à moi-même. Une décision douloureuse car je me sentais malgré tout un peu chassé du paradis. De plus, je ne savais pas très bien que faire à la place.

La seule chose que je désirais était de m'éloigner le plus possible de mon environnement familial. Je choisis donc d'étudier la philosophie et la littérature à Paris. Mais avant de partir, je devais faire l'école de recrue, obligatoire pour tout Suisse apte à servir. L'expérience tourna court, la vie à la caserne me tapait sur les nerfs et j'acceptai avec soulagement de me faire muter dans les troupes auxiliaires. À Paris toutefois, la passion pour le monde désincarné des lettres et des idées s'évapora rapidement. Je choisis finalement les mêmes études que Sepp, tout en préférant m'inscrire à l'Université de Genève parce que je voulais rester en milieu francophone.

J'avoue avoir opté pour la sociologie sans grande conviction, je m'étais jusqu'alors peu intéressé à la société. Mais le climat contestataire qui régnait à l'Université ne me laissa pas longtemps indifférent. Je découvris que j'avais choisi un champ d'investigation passionnant au point où, après la licence, je me résolus à continuer les études en me tournant vers l'anthropologie économique et les questions portant sur le Tiers-Monde. Après un long séjour en Allemagne et des recherches en Côte d'Ivoire, je finis mon cursus universitaire avec un doctorat en présentant une thèse sur une population de petits paysans africains planteurs de café et de cacao.

Début 1964, Hanni informa les parents qu'elle allait vivre au couvent des sœurs d'Ingenbohl où elle était admise comme candidate. Cette décision prit tout le monde de court. Pourtant Hanni était vraiment convaincue de faire le bon choix. Elle espérait aussi être admise à l'école normale de la congrégation. Pendant cinq ans, elle la fréquentera comme postulante de la communauté religieuse. Avec le temps cependant, elle supporta de plus en plus mal la vie monacale et les querelles incessantes entre religieuses. En 1968, elle effectua un stage à l'école primaire de Schattdorf. Au retour, ses supérieures lui conseillèrent de terminer sa formation et de quitter ensuite le couvent. Elle suivit ce conseil et deviendra institutrice laïque. Elle devra cependant par la suite rembourser une partie des frais de sa formation.

Hanni était la troisième après Sepp et moi à renoncer aux ordres religieux. Nos parents acceptèrent ces décisions sans nous demander d'explication, restant fidèles à leur principe que chaque enfant devait être l'artisan de ses choix.

Le mariage de Trudi fut lui aussi une surprise. Au printemps 1967, ma sœur avait commencé un apprentissage d'infirmière pédiatrique qu'elle termina avec brio trois ans plus tard. Peu après, elle fit la connaissance du caporal Walter qu'elle trouva fort séduisant au point de tomber vite enceinte. Elle avait alors vingt-deux ans. En Suisse centrale, les moyens contraceptifs étaient encore difficiles à obtenir, même pour le personnel médical, et l'avortement hors de question. Maman fut très affectée par cette nouvelle qu'elle avait toujours appréhendée, même si la société était devenue plus libérale en la matière. Papa, par contre, ne la prit pas au tragique. Il dit à sa fille qu'elle n'était pas obligée de se marier, qu'on trouverait bien un moyen pour prendre soin de son enfant.

Trudi hésita longtemps mais se résolut finalement à épouser Walter. Elle était la première de la famille à choisir un partenaire qui n'était pas originaire d'Uri, mais ne sera pas la dernière. Tous les frères et sœurs allaient désormais suivre sa trace. Comme il était toujours impensable de ne pas se marier autrement, la cérémonie d'union entre Trudi et Walter eut lieu à l'église, l'épouse en blanc bien qu'elle soit enceinte. Personne ne s'en offusqua.

Seuls avec les parents

Après le départ des aînés, les quatre derniers étaient les seuls enfants restés vivre dans la nouvelle maison. Les rencontres entre les deux « générations » de la fratrie se firent plus rares, elles se limitaient pour l'essentiel aux visites occasionnelles des frères et sœurs partis s'établir ailleurs.

Ainsi donc, les plus jeunes de la famille passèrent une grande partie de leur enfance et adolescence au foyer familial sans autre compagnie que leur père et leur mère, tous deux fortement marqués par les années de dur labeur qui étaient derrière eux. Maman souffrit terriblement de sa ménopause, elle prit du poids et traversa des phases de dépression. Ses onze grossesses l'avaient lessivée et le changement hormonal lui en fit voir de toutes les couleurs. Elle ne se sentait plus aussi forte qu'avant et parfois débordée par ses enfants qui entamaient leur puberté au moment où, dans la société, les valeurs se métamorphosaient. Les adolescents étaient exposés à des influences et des tentations que la génération précédente n'avait pas connues. De plus, ils jouissaient de conditions matérielles un peu meilleures, bien que maman dût toujours compter chaque sou. Pour toutes ces raisons, un fossé se creusa dans la famille entre les sept aînés et les quatre puînés, fossé qui subsistera jusqu'à une époque récente.

Nous avons en effet grandi dans deux mondes et en un certain sens avec des parents différents. C'est vrai que de ce point de vue nous ne formons pas une, mais deux familles. De plus, les quatre derniers grandissaient dans une constellation fraternelle particulière.

Paul se vit soudain propulsé dans le rôle d'aîné qui convenait mal à son caractère introverti et casanier. Il était un enfant sage, discret et très talentueux même si le premier jour d'école il avait fondu en larmes. Il aurait préféré rester à la maison.

Il était aussi très attaché à son père et étroitement lié avec Franz, le frère né un an et demi après lui, qui était son exact contraire, rebelle, fanfaron, querelleur et scolairement moins doué. Franz était souvent puni par sa mère, à juste titre admet-il. Son carnet scolaire était rempli de mauvaises notes de comportement. Paul aimait les sports individuels, la course à pied et le ski, Franz était attiré par les sports d'équipe. Il défiait ses parents pour leur arracher l'autorisation – une première ! – de devenir membre du club de football du village. Il pratiquera ce sport avec passion. Paul et Franz formaient une paire, se complétaient et s'appuyaient mutuellement. Paul était le soutien scolaire de Franz, Franz le confident de Paul.

Celui-ci réussit en 1968 l'examen d'entrée à l'école normale qui venait d'ouvrir ses portes au chef-lieu Altdorf. Il s'y lia d'amitié avec une bande de garçons et de filles, mais continuait à habiter à la maison. Franz entra d'abord au collège cantonal, il rêvait de devenir ingénieur, mais il dut rapidement admettre que ses résultats n'étaient pas assez bons pour des études aussi poussées. Il retourna donc sur les bancs de l'école secondaire de Schattdorf puis obtint en 1970 une place d'apprenti-mécanicien dans la plus grande entreprise du canton.

Agnes se retrouvait dans une position inconfortable. Elle grandissait parmi trois frères. Paul et Franz faisaient front. Elle était la petite qui n'avait aucune chance de s'imposer face à eux. Elle raconte que Paul aurait été difficile à approcher et Franz lui aurait sans cesse tapé sur les nerfs en la harcelant. À l'école, un instituteur la comparait à Paul ce qui la rendait furieuse, elle ne voulait pas être mise dans le même sac. Elle n'espérait aucun soutien des frères et sœurs plus âgés qui de toute façon étaient loin la plupart du temps. Trudi, sa sœur la plus proche du point de vue de l'âge, avait tout de même huit ans de plus qu'elle.

Par conséquent, Agnes fut très déçue quand Markus vint au monde. Elle aurait préféré une fille. De surcroît, au lieu d'avoir enfin une petite sœur à ses côtés, sa mère lui donna souvent l'ordre de s'occuper du bébé, alors que ses frères étaient exemptés de cette corvée. Elle le ressentit comme une injustice, ce qui l'empêcha de développer des sentiments tendres envers le bambin et engendrait des tensions avec sa mère, exagérément sévère à ses yeux. « Maman voulait nous éduquer. Quand on ne se comportait pas comme elle le trouvait bon, elle était capable de punir, alors que moi, plus je progressais en

Photo-souvenir de la première communion d'Agnes devant la nouvelle maison

âge, plus je refusais qu'elle se mêle de mes affaires. Je voulais suivre ma propre voie. » Le seul allié dans la famille était son père. « Je pouvais obtenir de lui ce que je voulais, il me laissait faire, contrairement à ma mère. »

Markus par contre ne se souvient plus de cette époque. Il était encore petit. Pourtant il se rappelle bien l'école primaire dont il suivait les cours depuis 1968. Ses enseignants ne pratiquaient plus de sévices corporels et la plupart des classes étaient mixtes. À la fin de la sixième, tout le monde devait se présenter à l'examen d'entrée à l'école secondaire. Il était devenu obligatoire. Quand on pense qu'à peine un quart de siècle auparavant ce rite de passage avait été le privilège accordé à une poignée d'élus ! Doté d'un naturel plutôt solitaire, Markus n'était apparemment pas affecté par les tensions qui régnaient dans son entourage familial. Son père lui aurait permis une ou deux fois de l'accompagner à son travail. C'est le seul souvenir qu'il a gardé de lui. À l'aller, son père aurait poussé son vélo sur la route légèrement descendante, mais l'aurait enfourché au retour.

Papa n'était donc pas pressé de se rendre au travail et soulagé de rentrer le soir. Probablement, son passage au nouvel emploi n'avait pas été aisé. L'atelier dans lequel il travaillait fonctionnait comme une petite usine. Sa principale tâche était de découper à la machine des panneaux d'aggloméré. Notre père n'était pas habitué à une activité monotone et répétitive dans un espace clos. Mais son principal grief était l'obligation de s'abstenir de boissons alcoolisées. Sans respect de cette règle, un accident est vite arrivé quand on travaille sur des machines qui tournent continuellement. Les contrevenants étaient menacés de licenciement. Dominik détestait qu'on surveille ses habitudes. Au lieu de se rendre directement au travail, il commença par faire un détour par le restaurant. Cependant il ne dépassait jamais la mesure, n'attira pas l'attention par une démarche chancelante. Mais son corps supportait moins bien l'alcool. Martin voyait d'un mauvais œil les agissements de son père. Il en avait honte, une des raisons pour lesquelles il quitta le canton.

Marietta qui observait de près, impuissante, ce qui se passait à la maison dit que notre mère souffrait certainement de voir son époux empêtré dans cet état et incapable de s'extirper de ses habitudes malsaines. Plusieurs fois, elle aurait été sur le point de le quitter, c'est en tout cas ce qu'elle aurait dit à Marietta. « Nous, de notre côté, avons souvent détourné le regard, mais l'ambiance à la maison n'était pas bonne. »

Maman était sûrement extrêmement préoccupée par les problèmes de notre père, mais j'ai de la peine à imaginer qu'elle pensait sérieusement au divorce. Les femmes comme elles étaient prisonnières de la répartition des rôles en vigueur. Une séparation les aurait non seulement exposées au déshonneur, mais elle aurait jeté la plupart d'entre elles dans la misère. Mon principal argument, cependant, est que pour elle comme pour notre père le divorce était inacceptable pour des raisons religieuses. Il était incompatible avec leur foi. Par ailleurs, ils avaient encore trop de considération l'un pour l'autre pour envisager de rompre le contrat d'assistance mutuelle qui les liait pour la vie. Maman ne voyait pas dans son époux un alcoolique, mais simplement quelqu'un qui n'avait pas toujours la force de résister à la tentation. Apparemment, mon père partageait ce point de vue puisqu'il se laissa finalement convaincre de commencer une thérapie médicamenteuse qui devait le dégoûter de l'alcool.

Le vieil arbre s'effondre

Quand je repense à mon père à cette époque, l'image d'un vieil arbre un peu rabougri et bossu sur une pente me vient à l'esprit. Il a toujours été là aussi longtemps que je m'en souvienne. Parfois mon regard l'enregistre à peine, tellement je me suis habitué à le voir à cet endroit. De forts courants d'air l'empêchent de croître, mais il résiste aux intempéries avec une résilience remarquable. Aucune tempête n'a réussi à l'ébranler sérieusement. Certes, son branchage est devenu plus clairsemé, mais il continue à protéger les passants contre la pluie et le soleil. Et puis, un beau matin, mes yeux le découvrent gisant par terre. Non pas foudroyé ou balayé par une avalanche, mais effondré, rongé de l'intérieur. Désormais mon regard le cherche en vain, sur cette pente il n'y a plus qu'un grand vide.

À partir de 1969, les événements se précipitèrent. Tout d'abord notre père fut victime d'une thrombose. À l'hôpital, on profita de lui enlever sur la joue un poil incarné dans une poche pleine de pus sans se poser d'autres questions. Ma mère était convaincue qu'on avait laissé passer une occasion de diagnostiquer plus tôt la maladie qui rongeait probablement déjà son mari.

Début 1970, notre père surprit tout le monde en décidant soudain de vendre la ferme. Pourquoi maintenant ? À son frère Xaver qui avait maintes fois manifesté son intérêt de l'acheter, il avait toujours dit qu'il n'était pas question qu'il se sépare du domaine hérité. Est-ce que cette thrombose l'avait tellement impressionné qu'il trouva tout à coup qu'il valait mieux se préparer à toute éventualité ? Ou l'offre de son ancien employeur était-elle si alléchante qu'il jugea qu'il fallait saisir la balle au bond ? De fait, nos parents réussirent à négocier avec lui un bon prix. Le contrat fut signé le 7 février 1970. Tous les enfants durent donner leur consentement écrit. La quasi-totalité du terrain, « Gadenhaus » compris, changea de main, à l'exception de la nouvelle maison et d'une parcelle adjacente sur laquelle notre père voulait construire un immeuble avec le produit de la vente. Il en distribua cependant une petite part à sa femme et à ses enfants, en donnant un peu plus à ceux qui avaient par le passé contribué à la caisse commune.

Avec la vente de la propriété débutait un nouveau chapitre de l'histoire familiale. D'un coup, la situation financière s'était substantiellement améliorée. Pourtant, mon père n'en profitera plus. Son horloge vitale était en train de s'arrêter. Je me console cependant avec l'idée qu'il avait sans le savoir choisi le bon moment pour agir. En vendant la ferme il nous enlevait une lourde responsabilité. Il régla à l'avance la partie principale de son héritage en démontrant une fois de plus qu'il avait toujours pris au sérieux son rôle de père nourricier qui était pour lui l'élément central de son devoir conjugal. N'était-ce pas ce qu'il avait promis à son épouse lors du mariage : de prendre soin d'elle chaque jour de sa vie ? En monnayant le domaine, il tenait parole à sa façon, même au-delà de sa mort.

Si j'ai bonne mémoire, c'est peu de temps après la signature du contrat de vente qu'on diagnostiqua chez lui une tumeur maligne dans les glandes salivaires de la mâchoire inférieure. De nos jours, les chances de surmonter ce cancer seraient bien meilleures. Est-ce plausible de penser qu'il l'a contracté à la menuiserie en inhalant des formaldéhydes lorsqu'il coupait les panneaux d'aggloméré sans masque protecteur ? Après l'opération les médecins cherchèrent à éliminer par irradiation les cellules cancéreuses. Notre père fut mis en arrêt maladie. Il ne retournera plus jamais au travail. Le vieil arbre était rongé de l'intérieur.

Malgré le fait qu'elle ait déjà un mari malade à soigner et quatre adolescents à la maison, maman décida au printemps 1970 de s'occuper également de sa mère très âgée en la prenant chez elle. Grand-mère souffrait depuis longtemps d'infirmités

Grand-mère Severina peu avant sa mort avec trois arrière-petits-enfants

Papa à droite lors du mariage de Trudi

gériatriques multiples et devait garder le lit. Pendant un mois, notre mère pris soin d'elle avec dévouement jusqu'à ce que la mort la délivre.

Papa passa un printemps et été 1970 assez paisibles, partageant son temps entre la famille et les visites médicales. Il accepta avec plaisir les invitations de ses fils à de petites virées en auto. Il aurait aussi aimé m'accompagner à Genève où je préparais mon déménagement, mais il aurait fallu annuler un traitement médical. À posteriori je regrette de l'avoir dissuadé de le faire, je pense qu'il se serait fait une joie de découvrir avec moi la Suisse Romande qu'il n'avait encore jamais visitée.

Nous n'aurons plus beaucoup d'occasions de passer du temps ensemble. Le cancer résistait. Notre père perdait du poids à vue d'œil parce qu'il avait de la peine à manger. La majeure partie du temps il restait à la maison, assis sur le balcon ou couché sur le canapé du salon, plongé dans un roman à l'eau de rose, fumant des cigarettes et buvant du café. Trois semaines avant le mariage de Trudi, il fut admis d'urgence à l'hôpital, mais il fit appel à toutes ses forces pour participer à la cérémonie malgré tout, visiblement marqué par la maladie. Quelques jours avant son décès, il reçut la visite d'un voisin et d'une connaissance, tous deux également moribonds. Les trois cherchaient à deviner ensemble qui partirait en premier. Les visiteurs étaient d'avis que ce serait notre père. En réalité, ils mourront deux jours avant lui. C'était le samedi du carnaval, le jour du cortège à Schattdorf. Quelques frères et sœurs ne voulaient pas renoncer au spectacle. Papa les encouragea d'y aller, il aurait fait de même si la santé le lui avait permis. Plus jeune, il avait souvent aidé à l'organiser.

Le jour après, tout le monde passa lui rendre visite, mais plusieurs frères et sœurs étaient obligés de retourner chez eux le soir. J'avais également envisagé de partir, mais maman me demanda de rester, de sorte que je fus le témoin effaré de l'hémorragie violente qui affecta subitement mon père peu après le souper. Il refusa cependant obstinément de se rendre à l'hôpital. Avant d'aller se coucher, notre mère insista pour que nous passions lui souhaiter une bonne nuit. Je n'oublierai jamais la scène, elle me remue encore profondément. Papa était dans son lit, visiblement fatigué et résigné, et nous tendait la main à tour de rôle sans prononcer un mot. Le lendemain tôt, le 22 février 1971, il fut victime d'une nouvelle hémorragie. Maman réveilla Hanni qui appela le curé pour l'extrême onction, mais il était trop tard, papa décéda avant son arrivée. On était le lundi gras ou « Güdelmontag ». Dehors les activités carnavalesques avaient recommencé. Markus fêtait ses dix ans.

Pendant ce temps, je dormais profondément. Brusquement tiré du lit, je descendis, hébété, dans la chambre où notre père gisait sur son lit de mort. Heureusement, il restait plein de choses à régler pour amoindrir le choc : appeler le médecin, informer les frères et sœurs absents, la parenté, le curé, la commune, préparer les funérailles, etc. La nouvelle de la mort de Dominik se répandit en un éclair. La dépouille mortelle n'était pas encore dans le cercueil quand un employé communal frappa à la porte pour poser les scellés sur les armoires. Comme c'était l'usage, le mort fut exposé dans le cercueil au salon familial jusqu'à l'ensevelissement. Papa avait l'air de dormir, la mine détendue, un rosaire autour de ses mains jointes, vêtu d'une chemise blanche et d'une cravate noire. De nombreuses personnes passaient pour prendre congé de lui, nous exprimer leurs condoléances et prier avec nous.

Jeudi 25 février, un cortège impressionnant accompagna Dominik Arnold-Imhof, notre père mort prématurément à l'âge de soixante-deux ans, à sa dernière demeure au cimetière devant l'église de Schattdorf. Tous les habitants du village semblaient être présents. C'était un jour triste et pluvieux. Le cercueil fut posé à côté de la tombe ouverte. L'assistance baissa la tête quand le prêtre implora Dieu d'une voix chantante d'accueillir son fils dans la paix éternelle. Tout le monde portait des habits et insignes de deuil, costume sombre, cravate, ruban ou bouton noir au revers de la jaquette. Beaucoup avaient les larmes aux yeux. Le cercueil fut ensuite descendu dans la tombe et couvert d'une pelletée de terre, « car tu es poussière et tu retourneras en poussière ». Pendant seize ans, nous nous arrêterons régulièrement devant elle pour dire une courte prière et l'asperger de quelques gouttes d'eau bénite. Après la cérémonie de mise en terre, tout le monde se rendit à l'église pour assister au requiem. Au repas funéraire, dans un restaurant proche, une atmosphère pesante régnait. Il n'était pas encore d'usage de prononcer à l'église un éloge funèbre pour un simple citoyen, mais nous en publierons un dans le journal local et commanderons une pierre tombale.

Résonances émotionnelles

Même si chacun et chacune a vécu l'événement à sa manière : le lent dépérissement et la mort prématurée de notre père furent pour toute la famille des expériences éprouvantes et douloureuses qui laisseront des traces indélébiles dans les subconscients. L'Ange de la Mort n'était certes pas arrivé par surprise, et dans un certain sens sa venue avait été une délivrance, mais il fit son apparition trop tôt, à un moment du cycle de vie de la famille où beaucoup de choses étaient encore en suspens. À moi en tout cas, mon père me manquera énormément, et d'autres ont éprouvé des sentiments similaires.

Lors des entretiens préparatoires à ce livre, j'ai pris conscience à quel point la mort de notre père avait été un moment particulièrement bouleversant, spécialement pour les trois plus jeunes de la fratrie. Chacun d'eux le formula avec des mots différents mais exprima la même expérience. Franz parle d'un temps terrible dont le souvenir le remue encore si fort que les larmes lui montent aux yeux chaque fois qu'il y pense. Agnes n'a plus jamais voulu participer à un carnaval. Pour elle, nous étions une famille avant, plus vraiment après, il y manquait quelque chose d'irremplaçable. Markus dit qu'il s'est senti brusquement éjecté de l'enfance. Pour les trois, notre père n'avait encore été vu, naïvement, que comme leur papa, un être admiré sans défauts, indispensable à leur équilibre psychologique. Celui-ci menaça de chanceler lorsqu'il ne fut plus là. Soudain leur père leur manquait, comme appui, recours, référence, en particulier quand ils traverseront la phase cruciale de la puberté et du passage à l'âge adulte.

Celle cependant qui souffrit le plus fut notre mère. Certes, elle s'était préparée à l'inévitable parce qu'une fois le diagnostic connu, elle savait que son époux et sa famille allaient au-devant de temps difficiles. C'est en tout cas ainsi qu'elle s'exprima lorsqu'elle me l'a communiqué. Souffrir d'un cancer équivalait encore à l'époque pratiquement à une condamnation à mort. En conséquence l'apprendre était un choc dur à encaisser. Est-ce que maman a malgré tout espéré une guérison improbable ? Dominik en tout cas lui manquera terriblement après son décès, même si elle sera souvent tourmentée par le sentiment qu'il n'avait pas toujours été gentil avec elle. Elle me racontera des années plus tard combien elle avait souffert du fait que son mari moribond ne l'avait à aucun moment remerciée pour tout ce qu'elle avait fait pour lui et sa famille. Pourtant elle s'était toujours efforcée d'assumer pleinement son devoir conjugal, souvent même bien au-delà de ce qui lui était demandé. Je le sais, papa était capable de supporter des douleurs sans dire un mot, mais les remerciements avaient également beaucoup de peine à sortir de sa bouche.

Notre mère n'avait que cinquante-trois ans quand elle se retrouva soudain veuve avec quatre enfants mineurs à sa charge. A-t-elle alors pensé à sa propre mère qui avait connu le même sort à un âge comparable ? Elle aussi avait perdu son mari âgé d'à peine soixante ans et lui survivra pendant presque trente ans. À cet égard, maman la dépassera. Son veuvage durera trente-sept ans. Pendant une assez longue période, elle fut comme paralysée. Parfois elle sombrait dans la dépression, et elle mit longtemps à se remettre du sort qui fut le sien. C'est seulement quand elle se sut enfin libérée de toute charge éducative qu'elle sentit l'optimisme revenir dans son cœur et qu'elle put de nouveau jouir de la vie.

9
La famille doit se réinventer

L'hoirie

Le décès prématuré de notre père ne laissa pas seulement des traces psychiques dans la famille, il la força aussi à resserrer les rangs et à se réinventer. Soudain privée de son chef, les rôles devaient être redistribués. Maman avait un besoin urgent de compassion et de soutien pour sortir de son état de choc. Il fallait s'occuper des trois frères et de la sœur encore mineurs. Mais il importait surtout de gérer l'héritage tel que notre père l'avait souhaité et de désamorcer le potentiel explosif de conflits qui réside dans tout partage successoral impliquant une jolie somme d'argent. Papa avait fixé un rendez-vous chez le notaire pour régler la question, mais la Grande Faucheuse avait été plus rapide qu'il ne l'avait prévu.

Que ce serait-il passé si notre père n'était pas tombé malade et n'était pas mort si tôt ? Est-ce que nos parents auraient encore passé des années paisibles ensemble ou au contraire les frictions dans le couple auraient-elles augmenté avec l'usure du temps ? La cohésion entre les membres de la famille aurait-elle diminué en raison des parcours de vie divergents dans la fratrie ?

Le fait est que le décès du « pater familias » nous procura, à nous ses enfants, une chance unique que nous avons saisie, pour nous emparer du gouvernail et créer une nouvelle famille. Nous avons pu ainsi organiser les relations internes de manière à empêcher les forces centrifuges, qui inévitablement apparaissent quand la famille d'origine se subdivise en nouvelles familles, de prendre le dessus. Quelques semaines après l'enterrement, nous décidâmes d'un commun accord de ne pas partager l'héritage, mais de le gérer en hoirie enregistrée par acte notarié comme société simple. Ce statut juridique n'admet que des décisions prises à l'unanimité et oblige les associés à se réunir une fois par an pour approuver les comptes et délibérer.

L'hoirie se fixa deux tâches. À court terme, il lui incombait d'assurer que les membres mineurs reçoivent l'assistance légale prescrite par la loi et une bonne formation. Martin accepta d'officier comme tuteur pour les représenter auprès des autorités, de l'administration publique et des banques. Par ailleurs, une part de l'héritage serait transformée en fonds de formation. À long terme, il s'agissait d'investir et de gérer la fortune héritée de manière rentable et sûre.

Au cœur de celle-ci figurait la maison à trois étages construite en 1962 dans laquelle maman et les enfants occupaient un appartement. Notre père avait exprimé sans équivoque qu'il voulait que sa femme ait le droit d'y habiter à titre gracieux jusqu'à la fin de sa vie. Bien sûr, les visiteurs y étaient également bienvenus. Les enfants ayant quitté le foyer familial y trouveront toujours une table accueillante et un lit pour dormir. L'hoirie avait pour charge de maintenir l'immeuble en bon état et d'assurer que les loyers couvrent au mieux les frais du logement maternel.

Au fil des ans, toute la nichée finit par déserter le ménage, de sorte que maman se retrouva finalement seule et, comme le nombre de visiteurs ne justifiait plus d'occuper deux étages, on décida au milieu des années quatre-vingt-dix de transformer le troisième en appartement locatif. Sa création avait été facilitée par le fait que lors de la construction, l'étage avait été préventivement équipé des raccords indispensables. Désormais, les loyers couvraient l'ensemble des frais de logement de notre mère. Elle touchait aussi une rente de veuve et des allocations pour enfants de l'AVS et disposait en outre du tiers du capital hérité qu'elle investit dans l'hoirie sans en devenir membre et sans jamais intervenir dans sa gestion. Elle se contentera de nous exhorter inlassablement à entretenir entre nous de relations bonnes, justes et empathiques. Comme elle continua à utiliser son argent avec parcimonie, elle avait des moyens financiers suffisants pour mener une vie confortable.

Le capital financier fut investi dans un immeuble de dix

L'immeuble de dix appartements (2017)

appartements construit en 1972 sur le terrain que notre père avait réservé à cette fin. Au fil des ans, il s'avérera être un placement très rentable. On décida de concrétiser le projet en régie propre, bien que personne n'eût d'expérience dans ce domaine. Finalement, les problèmes les plus épineux ne furent pas posés par la construction, mais par la gestion de l'immeuble : locataires, réparations, décomptes, etc. Les responsables s'acquittaient de ces tâches à côté de leurs activités professionnelles. Certes, ils ne durent pas le faire gratuitement, l'hoirie ayant fixé une rémunération pour chaque fonction afin d'éviter des conflits. Mais parfois les tracas furent plus importants que la rétribution.

L'hoirie survivra pendant une période exceptionnellement longue – près de quarante ans ! – et se révélera être un agent liant très efficace. Le fait de devoir se réunir une fois par année aida sensiblement à maintenir la cohésion de la famille.

Certes, de temps à autre des différences d'opinion et des tensions se firent jour, et parfois l'évolution des activités ou la gestion des affaires n'eurent pas l'heur de plaire à tout le monde. Certaines séances donnèrent lieu à des échanges engagés. Parfois les points de vue divergeaient fortement. Ainsi, l'un ou l'autre des héritiers trouvait les loyers trop bas ou se plaignait de sa facture fiscale élevée, le taux d'imposition étant fonction du lieu d'habitation, un troisième aurait préféré mettre moins d'argent dans le fonds de rénovation. Les plus jeunes avaient parfois le sentiment que leur voix ne comptait pas autant que celles de leurs frères et sœurs plus âgés. Pour éviter que ce genre de dissensions n'envenime durablement les relations, l'hoirie veillait régulièrement à redistribuer les rôles. Une autre parade était d'octroyer des aides financières à tel ou telle aux prises avec un problème financier.

Qu'aucune discorde profonde ne vint sérieusement perturber la paix familiale était pour une large part le résultat de la gestion circonspecte exercée par les frères et sœurs qui conduisaient l'association à travers les péripéties de son histoire. Personnellement, j'y ai rarement apporté ma contribution. Comme mon père dans le temps, j'étais plus absent que présent en raison des activités professionnelles qui me tenaient éloigné de Suisse. Je pense toutefois que l'éducation que nos parents nous avaient donnée y était aussi pour quelque chose. Ils avaient toujours insisté sur des principes qui venaient renforcer l'esprit de famille de l'hoirie : égalité des droits entre tous ; chacun doit apporter sa contribution au bien commun; chercher le compromis plutôt que de s'obstiner à faire triompher son point de vue ; flexibilité et empathie par rapport aux projets, besoins et situations individuels, etc.

Mais tout a une fin. Après une douzaine d'années, certains associés manifestèrent le désir de quitter le navire. D'un commun accord, on procéda à un premier partage successoral en versant à ceux qui le voulaient leur part du capital de l'immeuble locatif. Les associés restants créèrent une deuxième hoirie qui sera propriétaire du bâtiment jusqu'à sa dissolution dans les années quatre-vingt-dix. L'hoirie initiale continua à fonctionner avec l'ensemble de la fratrie pour gérer la maison familiale jusqu'à la mort de notre mère.

Le foyer familial se vide

Maman ne voulait pas rester seule avec les quatre enfants mineurs après le décès de son époux. Hanni accepta à contrecœur un poste d'institutrice à l'école primaire de Schattdorf et rentra à la maison. Elle renonça aussi à une formation en éducation spécialisée qu'elle aurait aimé entreprendre. Mais elle pense que son sacrifice n'a pas été très utile parce qu'elle ne parvenait pas à se faire respecter par ses petits frères et sœur. Au bout de deux ans elle déménagea dans une commune voisine, puis quitta définitivement son canton natal pour exercer sa profession d'enseignante dans divers villages du Plateau suisse.

Sa frustration est compréhensible parce que les enfants se tournaient naturellement vers maman quand ils avaient un problème. Notre mère avait toujours pris au sérieux son rôle d'éducatrice, elle y voyait son devoir, il n'était pas question pour elle de s'y dérober. Toutefois elle l'exerçait maintenant de manière moins stricte, elle lâchait un peu la bride, du moins pour les garçons. Elle sentait sans doute qu'elle n'avait plus assez d'autorité pour s'imposer face à des adolescents en pleine puberté qui réclamaient leur indépendance. Quand ils rentraient avec une amie, elle fermait l'œil et n'insistait plus sur la séparation des chambres, voyant bien qu'elle ne serait pas obéie. Elle dut admettre que les temps avaient changé. De plus, ses fils disposaient de moyens financiers non négligeables. Bien qu'ils fussent encore en formation, Paul et Franz achetèrent dès que possible une voiture avec l'argent que notre père leur avait laissé. Ils jouissaient ainsi d'un degré de mobilité et d'indépendance que leurs grands frères et sœurs n'avaient pas connu à leur âge. Ils gagnaient aussi en popularité chez leurs collègues qui se laissaient volontiers inviter à faire de petites virées en voiture. Un apprenti avec auto était encore une espèce rare.

  Markus profitait d'une autre manière de la nouvelle donne. Il resta habiter chez sa mère jusqu'en 1982, les dernières années seul avec elle. Pour cette raison il se présente parfois comme « enfant unique avec dix frères et sœurs ». Maman et Markus s'épaulaient mutuellement. Soudain notre mère vit dans son benjamin un cadeau du ciel qui l'aiderait à surmonter son deuil. Il n'était plus le petit retardataire inattendu, mais une consolation et une mission auxquelles elle pouvait se raccrocher. Markus raconte que sa mère l'a fréquemment réprimandé, mais qu'il a certainement joui de bien plus de liberté que les aînés. Maman lui aurait pour ainsi dire tout permis, scoutisme, sport, etc. Il pratiqua avec passion la course d'orientation. Il noua aussi des liens étroits avec Paul qui deviendra son confident et mentor, particulièrement pendant les années de collège, aussi longtemps qu'ils vécurent ensemble à la maison. Son grand frère lui prêta des livres, lui apprit à skier et l'invita à faire des courses en montagne.

Les deux « générations » de frères et sœurs ont donc grandi dans des conditions de vie sensiblement différentes, un fait qui pesait sur nos relations. Comparé aux aînés, les jeunes durent moins se serrer la ceinture et n'ont pas été obligés de remettre leur paie à la mère. Par ailleurs, ils reçurent une éducation moins stricte et ont bénéficié d'opportunités de formation meilleures et plus diversifiées, sans devoir prendre en considération l'état des finances familiales. Ils ont aussi eu le droit de profiter de l'offre de loisirs du village et ont pu se permettre des dépenses dont leurs aînés n'avaient même pas rêvé à un âge similaire.

Ces derniers entretenaient donc des rapports réservés avec les jeunes et formulaient des reproches à leur égard, reproches dans lesquels résonne un brin d'incompréhension et de jalousie : ils s'offrent trop de choses trop tôt, ne savent pas comment s'y prendre avec l'argent, ne s'engagent pas assez pour la famille, etc. Mais le fossé entre les deux groupes ne fut jamais assez profond pour les empêcher de bien s'entendre. En outre, il s'est progressivement comblé avec le temps. À l'heure actuelle, l'âge ne joue plus un rôle majeur. Le sentiment d'appartenance a pris le dessus sur les différences.

Les années soixante-dix furent une période de transition pendant laquelle les derniers enfants quittèrent peu à peu le foyer maternel, Agnes en tête. Elle avait beaucoup souffert de la mort de son père, et les relations tendues avec sa mère ne s'étaient pas améliorées depuis. De ce fait, elle était fermement résolue à partir immédiatement après avoir terminé l'école secondaire. Dans un premier temps, elle déménagea à Lucerne pour entrer à l'école de commerce dont elle suivit les cours pendant une année. Ne se sentant pas la fibre bureaucratique, elle accepta ensuite un poste de fille au pair dans une crèche de Genève. Le travail avec les enfants lui plaisait. Confortée par cette expérience et encouragée par les récits de Trudi sur sa formation, elle décida de suivre l'exemple de son aînée. Elle commença à Lucerne un apprentissage d'infirmière pédiatrique. Son certificat en poche, elle travailla dans divers hôpitaux pour enfants de la région où elle finit par rencontrer Reinhard, un jeune médecin qui deviendra son époux. Elle ne pensa pas une seconde à retourner vivre à Uri.

L'école normale d'Altdorf n'offrait que le premier cycle d'études. Pour terminer sa formation, Paul fut obligé de déménager à Schwyz. Pendant cette période, il entama l'école de recrue dont il fut libéré après un accident qui endommagea si gravement son genou qu'il redouta un temps de ne plus pouvoir faire de sport. À peine rentré à la maison, le directeur de l'école l'informa qu'à son avis il ne possédait pas les qualités requises pour devenir instituteur et qu'il était par conséquent rayé de la liste des candidats aux examens finaux. Sa carrière de maître d'école primaire était terminée avant même d'avoir commencé.

Malgré une intervention de notre part, le directeur ne se laissa pas amadouer. Nous n'avons jamais appris la raison exacte de ce renvoi. Paul n'en a parlé à personne, même pas à ses amis les plus proches. Est-ce que quelque chose de grave s'était passé pendant un stage pratique, ou avait-il manqué de zèle après le décès de son père qui l'avait profondément troublé ? Paul accepta finalement cette décision, il doutait lui-même qu'il ait l'étoffe pour faire un enseignant. Mais le choc fut terrible pour lui. Il sombra dans une dépression profonde qui dura de longs mois pendant lesquels il passait ses journées à la maison, avachi sur le canapé du salon.

C'est essentiellement grâce aux encouragements de son groupe d'amis qu'il remonta lentement la pente. Il chercha des emplois temporaires et reprit goût aux excursions en montagne. Il obtint finalement un poste de stagiaire en informatique dans une entreprise du canton. Cette expérience le persuada qu'il avait trouvé sa voie. Il excellait dans le monde abstrait des chiffres, du calcul et des formules mathématiques. En 1976 il postula pour un travail de programmeur dans une grande assurance à Zurich qui lui permit de suivre une formation en cours d'emploi, formation qu'il conclut par un diplôme d'analyste-programmeur.

Franz termina son apprentissage de mécanicien en 1974. Son rêve était de devenir ingénieur en mécanique et de travailler pour une entreprise active sur le plan international. Il s'enregistra donc à l'examen d'entrée au collège technique de Lucerne, examen qu'il passa avec succès. Mais il perdit subitement courage et renonça à suivre cette formation. Le premier choc pétrolier l'avait rendu prudent. Il pensait que la crise allait durer et entraîner une hausse du chômage. Il aurait préféré trouver un poste dans le canton d'Uri où il était membre d'un club de football et avait sa bande de copains. Mais le marché du travail local était à sec. Il chercha donc ailleurs et trouva rapidement un emploi dans la région zurichoise, puis un autre dans le canton de Lucerne, puis un autre et encore un autre. Aucun ne lui convenait vraiment. Il éprouvait de la peine à prendre racine dans son nouvel environnement, se sentait pris de haut par ses collègues de travail à cause de ses origines suisse-centrales et regrettait ses camarades restés au pays. Ce n'est qu'après avoir fait la connaissance de sa future épouse

Elisabeth, emménagé avec elle à Zurich et retrouvé un club de football qu'il mit un terme à son nomadisme et entreprit avec succès une formation d'agent technico-commercial qui lui promettait une meilleure position.

Ne restait finalement que Markus pour partager la vie de notre mère.

Lorsque Franz obtint son CFC de mécanicien, mon plus jeune frère venait de terminer l'école primaire. Comme il était bon élève, il réussit brillamment son examen d'admission au collège d'Altdorf où il choisit la voie gymnasiale, option sciences naturelles. Il se passionna en particulier pour la géologie, la climatologie et la cartographie, notamment parce qu'il était devenu un excellent spécialiste en course d'orientation. C'est tout logiquement qu'après la maturité il décida de s'immatriculer à l'École Polytechnique de Zurich pour étudier les sciences de la terre. Toutefois, il fut freiné dans son élan par l'obligation d'accomplir, au préalable, l'école de recrue. Parce qu'on lui avait permis, étant recrue, de participer à un cours de formateur dans son sport favori, il se vit obligé, à son corps défendant, de faire également l'école de sous-officier. Markus est le seul « gradé » de la fratrie.

Quand en 1982 il put enfin commencer ses études universitaires, il se dit qu'il était temps de quitter le foyer maternel et de chercher un logement à proximité de son lieu d'études. Maman n'eut pas d'autre choix que d'accepter cette décision qu'elle regrettait vivement, mais elle gardera un lien étroit avec son petit dernier en s'occupant longtemps de son linge. Elle le soutenait aussi financièrement pour payer ses études en lui cédant l'allocation pour enfant qu'elle recevait de l'AVS. En complément, Markus bénéficiait de contributions du fonds de formation créé par l'hoirie. Toutefois, il se rendit vite compte qu'il manquait de courage pour faire de longues études à l'issue incertaine. Après une année au Poly il prit le parti de changer de direction et opta pour un diplôme d'enseignant à l'école secondaire, un choix qui lui donna la possibilité de finir sa formation et d'entrer dans la vie active plus rapidement.

Relations à géométrie variable

Après le départ de Markus, un autre chapitre dans la vie de ma famille s'est clos. Dorénavant, chaque membre de la cellule initiale, y compris notre mère, vivait séparé des autres, en majorité en dehors des frontières d'Uri. Pareil développement n'était encore jamais arrivé dans l'histoire familiale aussi loin que je puisse remonter dans le temps. De plus, la plupart d'entre nous vivaient dispersés dans différents lieux du Plateau suisse ou à l'étranger et changeaient parfois de domicile.

Cette mobilité accrue est un signe distinctif de la famille « réinventée » qui a pris le relais de la famille natale. À cet égard, tout un monde la sépare du mode d'existence de nos ancêtres qui, presque sans exception, avaient passé leur vie entière en un seul lieu ou du moins dans ses environs immédiats.

Les raisons qui nous ont poussés à tourner le dos au canton d'Uri sont multiples et différent de l'un à l'autre. Le départ était rarement motivé par une décision prise en toute conscience, il était plutôt le résultat d'un enchaînement de circonstances. L'un ou l'autre aurait préféré rester au pays, mais l'offre d'emploi y était peu attractive. Les partenaires de mariage qui n'étaient pas originaires de Suisse centrale – c'est-à-dire deux sur trois – ne montraient pas d'intérêt à s'établir à Uri. Pour ceux qui avaient reçu leur formation en dehors du canton, ce qui était le cas pour près de la moitié de la fratrie, la perspective d'un retour n'était pas séduisante. Les relations avec les amis d'enfance s'étaient affaiblies et avaient été remplacées par de nouveaux liens tissés ailleurs, et plus d'un craignait de se sentir à l'étroit dans la vallée encaissée de la Reuss où s'exerce un contrôle social intrusif.

La communauté initiale s'est donc soudain fragmentée, elle a éclaté dans ses composantes.

Pour tous, la famille d'origine ne jouera plus qu'un rôle marginal pendant de nombreuses années. Elle reste bien sûr profondément ancrée dans l'intimité de chacun et continue à exercer son influence au travers des comportements, habitudes, opinions, valeurs et désirs qui sont les nôtres. Elle est aussi présente dans nos physionomies ; pas de doute, nous sommes les fils et filles du même couple. Mais les différences sont aussi nombreuses. J'ai souvent entendu des connaissances s'étonner du peu de ressemblances, mis à part physiques, qu'ils trouvaient entre nous, qu'ils avaient de la peine à croire que nous faisions partie de la même fratrie. C'est au contraire l'hétérogénéité des caractères et des projets de vie qui frappe. Pour moi, il n'y a rien d'exceptionnel à cela, la famille nombreuse est souvent un terreau fertile à la diversité.

C'est vrai que chacun et chacune d'entre nous poursuit maintenant son propre chemin qui ne croise plus qu'occasionnellement celui des autres membres de la famille. Le centre d'intérêt de chacun s'est déplacé vers la nouvelle forme d'existence choisie. Nos vies tournent en priorité autour de problématiques qui nous sont propres, telles que le couple, l'éducation des enfants, le travail, la politique, l'engagement associatif, les voisins, les amis, les loisirs, les voyages, etc., qui exigent une attention pleine et entière.

Dans ces circonstances, la famille dans laquelle nous avons grandi passe naturellement au second plan, d'autant plus que nous n'en dépendons plus financièrement. Les uns gagnent un peu plus, les autres un peu moins, mais la bonne formation que nous avons reçue grâce à la prévoyance de nos parents permet à chacun et chacune de jouir d'une situation matérielle somme toute assez confortable. Tout le monde possède une voiture. C'était même un des premiers objets de « luxe » qu'on s'offrait. Presque aussi important était l'acquisition d'une maison ou d'un appartement, ou du moins d'en louer un suffisamment spacieux et confortable. En vérité, l'argent et le train de vie figurent malgré tout, à des degrés divers, parmi les préoccupations majeures de nous tous. Si je me souviens bien, c'était un sujet de conversation récurrent, voire dominant lors des rencontres occasionnelles de la fratrie. Le standard de vie élevé régnant en Suisse a généré une société de consommation qui pèse lourd sur les conduites et les porte-monnaies. Voiture, maison, argent, train de vie : ce consumérisme est-il aussi le révélateur d'un besoin de combler un manque dont nous aurions quand même, inconsciemment ou non, souffert pendant nos jeunes années ?

Par ailleurs, il y a les multiples problèmes à résoudre posés par nos familles respectives et une société en perpétuel changement qui exige sans cesse de nouveaux efforts d'adaptation dans des domaines aussi variés que la carrière professionnelle, la formation continue, les manières et les comportements, les relations au sein du couple, etc. Et puis il y a la loyauté qui doit maintenant se partager entre deux familles d'origine puisque le partenaire en a aussi une. Parfois, cette exigence engendre des frictions dans le couple, l'un ou l'autre ayant le sentiment que la famille de l'autre reçoit plus d'attention. Parfois, les enfants se sentent plus proches de celle du père ou de celle de la mère. La même chose vaut d'ailleurs également pour les partenaires que les membres de la fratrie ont épousés. Certains d'entre eux ont eu de la peine à se faire accepter par notre cercle familial, avec pour conséquence que le frère ou la sœur concerné s'est également mis en retrait par rapport aux siens.

La somme de ces facteurs a contribué à un relâchement graduel des liens entre frères et sœurs. Prenons pour exemple la façon dont les mariages sont célébrés à présent. Quand Sepp épousa Christine en 1973, le protocole traditionnel était encore parfaitement respecté, un mariage à l'église en présence des deux familles. Les noces de Franz et Elisabeth en 1980 furent fêtées pareillement avec plus de soixante invités. Par contre les épousailles, la même année, de Paul et Flortje, son amie hollandaise rencontrée à l'occasion d'un voyage en Islande, eurent lieu aux Pays Bas, lors d'une cérémonie civile avec maman pour seule représentante de notre famille. Agnes et Reinhard firent de même, également en 1980, mais invitèrent plus tard les frères et sœurs à un pique-nique. Line et moi avons été unis en 1984 par l'officier d'état civil de la ville du Haut-Plateau malgache où j'étais en poste. Ni l'une ni l'autre famille n'était représentée. Markus attendit 1997 pour épouser Brigitte lors d'une cérémonie religieuse plutôt intime, suivie plusieurs mois après par une réception.

Cependant, les contacts entre frères et sœurs ne cessèrent pas complètement. Certains d'entre nous entretenaient même des rapports très intensifs, s'invitaient réciproquement pour fêter le jour de l'An ou partaient ensemble en vacances. Mais ce n'étaient pas toujours les mêmes qui étaient proches, on observe plutôt une évolution vers des relations à géométrie variable. Parmi les facteurs qui encourageaient les rencontres figurait la tradition de choisir les parrains ou marraines dans la famille. Par ailleurs, quelques beaux-frères ou belles-sœurs s'entendaient particulièrement bien, ou l'on se visitait parmi parce qu'on avait des enfants du même âge. L'intensité des contacts était beaucoup fonction de la proximité des lieux d'habitation. Plus la distance était grande, plus les contacts s'espaçaient.

Une expression symptomatique du climat d'individualisation des relations était la réaction aux problèmes personnels. Plus d'une carrière professionnelle tombait en panne, des mariages se brisaient. Dans ce genre de situations c'était plutôt le chacun pour soi. Seuls les frères et sœurs les plus proches se sentirent de manifester leur empathie ou de proposer de l'aide.

La seule personne pour qui la famille occupait toujours une place centrale était maman. Elle était fière de la réussite de ses enfants, mais souffrait du fait que presque tous habitaient loin d'elle, et elle se plaignait parfois que tel ou telle négligeait d'entretenir un contact régulier avec elle. Elle restait le pôle de stabilité de la communauté familiale. Elle nous accueillait avec joie quand nous venions passer des vacances chez elle, comme j'avais l'habitude de le faire avec les miens lorsque les enfants étaient petits. Maman avait toujours une idée précise de ce qu'elle voulait entreprendre avec nous. Elle prit aussi très au sérieux son rôle de grand-mère, puis d'arrière-grand-mère, observait affectueusement le développement de ses nombreux petits-enfants et arrière-petits-enfants, n'oubliait jamais un anniversaire, et à Noël avait toujours un petit billet pour chacun d'entre eux.

Toutefois, une fois la phase de deuil terminée, sa vie n'était plus exclusivement focalisée sur la famille. Elle retrouva une nouvelle énergie vitale pour laquelle elle n'avait pas besoin de soutien mâle à ses côtés. Elle n'a, je crois, jamais sérieusement envisagé de se remarier. Les partenaires disposés à le faire ne manquaient pas, mais au fond, le statut de veuve lui convenait parfaitement. Elle ne se repliait pas sur elle-même pour autant. Elle participait avec enthousiasme à la gymnastique pour aînés, allait à la piscine, bien qu'elle ne sût pas nager, et se laissait volontiers entraîner dans une excursion en montagne. Elle était un membre actif d'un groupe d'amies contemporaines qui se rencontraient régulièrement pour jouer aux cartes. Pour la première fois de sa vie, elle pouvait soigner ce genre de relations et y puisa une grande satisfaction. Elle resserra les liens avec Josy, son amie de jeunesse, avec qui elle entreprit d'innombrables sorties à deux.

Elle fut aussi saisie par une grande envie de partir en voyage. Elle prit part à de nombreux pèlerinages à Lourdes et Assisi. Quand elle avait onze ans, elle avait aperçu, émerveillée, le Zeppelin survolant le lac des Quatre-Cantons. Cette scène ne s'effaça jamais de sa mémoire, mais à l'époque elle n'avait certainement pas imaginé qu'elle monterait un jour dans un engin volant. Or, elle trouva soudain de nombreuses occasions de le faire et ne se laissa pas effrayer par les turbulences qui secouèrent son avion en route pour Lourdes. Elle n'hésita pas non plus à venir me voir à Madagascar en 1984 avec Aéroflot, ce qui imposait un long détour par Moscou, Sébastopol et Aden. Elle affirma aussi avec conviction qu'elle avait une fois visité son filleul aux États-Unis. Mais nous savons qu'elle n'a fait ce voyage que dans son esprit, avec non moins de délectation je présume.

Imperceptiblement, maman se mit à changer. Elle n'avait plus les traits sévères d'autrefois bien qu'elle subissait toujours des phases dépressives. Mais on voyait maintenant souvent un sourire de contentement illuminer son visage. Elle nous impressionna par sa faculté à s'adapter aux changements. Bien qu'elle ne fût à coup sûr pas toujours d'accord avec la vie que nous menions, elle ne formula aucune critique à notre égard. Sa religiosité augmentait, mais elle acceptait que certains d'entre nous se soient distancés de l'Église, ne se soient pas mariés religieusement et ne fassent pas baptiser leurs enfants. Elle qui s'était une fois opposée avec véhémence à Vreni qui voulait épouser un réformé accueillit finalement à bras ouverts les gendres et brus qui n'étaient pas catholiques. Cette mansuétude apparue dans ses vieux jours contribua beaucoup à renforcer l'estime et l'amour que nous éprouvions pour elle.

Vie et mort rassemblent

Pour réunir de temps en temps toute la famille, des rassemblements spécifiques étaient nécessaires. Les séances régulières de l'hoirie en firent partie. Mais avec le temps on se rendit compte qu'elles n'étaient pas garantes de préserver l'intégrité de la communauté familiale et la garder vivante. Les discussions tournaient trop exclusivement autour de questions administratives qui étaient porteuses du pernicieux risque de dégénérer à tout moment en conflits et discordes dans les cas où les intérêts particuliers et la méfiance réciproque prenaient le dessus. Au début des années quatre-vingt, l'envie commença à se manifester d'organiser en parallèle d'autres réunions dont le seul but serait de cultiver le plaisir de se retrouver. Au sein d'une grande famille comme la nôtre, les prétextes ne manquaient pas. Il y avait toujours un anniversaire à fêter, des noces d'argent ou d'or à célébrer, le départ d'une personne qui partait au loin ou son retour à arroser.

Quelqu'un fit alors la proposition que chacun pourrait à tour de rôle prendre l'initiative de nous réunir en dehors des assemblées de l'hoirie, de préférence une fois par année. Elle fut si bien reçue que depuis une longue série de ces rencontres eut lieu. Souvent elles avaient pour cadre un barbecue dans une cabane forestière, mais on se retrouva aussi dans un restaurant ou chez quelqu'un à la maison. L'assistance variait mais il régnait généralement une ambiance joyeuse. Pendant longtemps, la présence des enfants était encouragée afin que les cousins et cousines puissent mieux se connaître et, qui sait, reprendre un jour le flambeau. Fréquemment, un match de football intergénérationnel très engagé égayait l'atmosphère. Cependant, plus les années passaient, plus l'enthousiasme de la jeune génération à participer diminua, et les aînés de leur côté se contentaient volontiers d'une ballade paisible ou d'un échange sur des sujets d'actualité plutôt que de se lancer dans des ébats sportifs.

Parmi les grands moments passés ensemble figuraient les anniversaires de notre mère. Tous les cinq ans, ils donnaient lieu à un grand rassemblement. Le premier fut organisé à l'occasion de ses soixante-dix ans. Il avait pour cadre un restaurant de Spiringen, la commune d'origine de nos parents. Pour les suivants, on choisit Erstfeld ou Schattdorf, les villages où maman a passé sa vie. Toutes les générations mirent un point d'honneur à faire acte de présence.

Quelqu'un prenait des photos qui étaient réunies ensuite dans un album que notre mère gardait religieusement dans sa collection débordante. Un des clichés la montrait obligatoirement avec toute la descendance participant à la fête. Sur une de ces photos, prise à l'occasion de ses soixante-dix ans, elle trône fièrement, comme une matriarche, au milieu de ses fils et filles adultes. Je constate avec étonnement que sur cette prise de vue presque tous les hommes portent la barbe ou une moustache, certaines assez hirsutes. Le rideau qu'on aperçoit derrière l'image cache une galerie de portraits de bourgeois de

Maman et ses enfants

Maman entourée de ses petits-enfants

Spiringen, dont celui de notre père. De cette manière, il était également parmi nous. Mais aucune femme n'y figure ! Maman n'en a cure, aujourd'hui c'est sa vie qu'on fête. Sur un autre cliché elle disparaît presque parmi ses petits-enfants déjà très nombreux. Certains manquent encore, et elle devra patienter quelques années avant de devenir arrière-grand-mère.

Parfois, ce furent les vicissitudes et coups du sort de nos parcours de vie qui nous rassemblèrent. Presque toujours, l'événement déclencheur était triste. C'est vrai que la vie ne serait pas la vie si elle ne consistait qu'en moments joyeux. Elle nous amène aussi son lot de souffrance qui peut nous rapprocher, ne serait-ce que pour partager notre impuissance devant la fatalité. Mais j'éprouve plus de peine à en parler, de trouver les mots justes, je me sens maladroit pour narrer l'inénarrable.

Le destin fut particulièrement cruel avec Trudi. Après seulement cinq ans de mariage, Walter manifesta des problèmes d'équilibre causés par une sclérose en plaques qui progressa rapidement. Très vite, il fut incapable de travailler et condamné au fauteuil roulant. Les onze dernières années de sa vie – il décéda en 1998 – il les passa dans un centre de soins palliatifs.

Pour Trudi et ses deux fils en bas âge, la maladie de son époux et de leur père fut un coup terrible qui les ébranla profondément. Pendant près d'un quart de siècle, Trudi fut forcée d'accomplir, sur plusieurs fronts, des prestations extraordinaires, mais elle était aussi décidée à ne pas se sacrifier totalement comme on l'aurait attendu d'une épouse traditionnelle. Elle aussi avait besoin de divertissement ! À quoi cela servirait-il si elle s'effondrait elle aussi ? Pendant les premières années toutefois, elle dit qu'elle aurait été juste capable de « fonctionner », se laissant dériver sur le flot des obligations. Non seulement elle devait s'occuper d'un mari encore très jeune qui acceptait difficilement l'effondrement inéluctable de ses facultés physiques et intellectuelles, mais elle fut aussi obligée de chercher un travail, l'assurance invalidité étant insuffisante pour couvrir les frais du ménage, ceci sans négliger pour autant ses enfants qui avaient un grand besoin d'être soutenus et entourés.

Ce n'est que bien plus tard, lorsqu'elle me raconta son histoire, que j'ai pris un peu la mesure du dilemme dans lequel ma sœur se débattait. Nous avions toujours admiré Trudi pour le courage dont elle faisait preuve dans l'adversité sans jamais perdre sa bonne humeur. Mais lui avons-nous accordé le soutien qu'elle était en droit d'attendre ? Au moins avait-elle pu compter sur sa mère qui, elle aussi, avait été mise à rude épreuve par le décès de son conjoint. Les deux femmes développèrent une relation étroite qui persista après le décès de Walter. Devenir veuve à cinquante ans, maman connaissait ça, elle avait vécu un sort similaire, à quelques années près.

Quand nous avons enterré Walter, Martha, l'épouse de Martin, nous avait quittés depuis plus de quatre ans. Elle avait succombé en 1994 à un cancer du sein détecté trop tard et mal soigné. Sa mort fut pour nous une expérience marquante. Martha n'avait pas cinquante ans lorsqu'elle décéda. Pour la première fois, la mort avait ouvert une brèche dans ma génération. Quand quelqu'un de la génération précédente décède, on trouve cela normal, cela correspond au cours des choses. Le décès de Martha nous rappela subitement que l'Ange de la Mort peut s'annoncer même dans la force de l'âge.

Martha était très aimée par notre famille et Martin un pilier de la fratrie. Il eut beaucoup de mal à surmonter ce décès et ne connaîtra pas un destin plus heureux après, comme si la fatalité voulait s'acharner sur lui : un divorce rapide après un remariage hâtif, puis sa troisième épouse qu'il doit également laisser partir, affectée par une maladie incurable, et enfin son propre état de santé qui se détériore depuis des années en raison d'un Parkinson sévère. Ces expériences déprimantes nous rappellent chaque fois ce que vieillir peut signifier. Mais cette fois-ci la fratrie a saisi la chance qu'elles lui offrent, celle de prendre mieux soin les uns des autres et de raviver un peu la chaleur de la vieille ferme dans laquelle nous avons grandi ensemble.

Paul fut le premier de la fratrie à nous quitter. Les douleurs au dos dont il se plaignait étaient en réalité causées par un cancer de la prostate, détecté en 2003. Mon frère était conscient qu'il n'avait peut-être plus que quelques années à vivre, mais il espérait pouvoir jouer un tour à la mort. Sa vie n'avait pas toujours pris la ligne droite et il lui tenait à cœur, autant qu'il était dans son pouvoir, d'arranger ce qui avait mal tourné au cours de son existence. Il avait encore beaucoup de projets et un solde impressionnant de jours de vacances à prendre.

Mais au milieu de 2005, Paul dut être hospitalisé d'urgence. Chaque fois que je le visitais, j'étais bouleversé par l'ambiance morose dans laquelle mon frère était piégé. Il se sentait complètement délaissé, surtout la nuit où il était assailli par une peur terrible de la mort. Il retrouva un peu de sérénité quand on le transféra dans une clinique de convalescence en Valais. Lors de ma dernière visite, il me raconta avec des étoiles plein les yeux qu'il se réjouissait tous les jours d'apercevoir les montagnes enneigées et qu'on lui apportait parfois ses plats préférés. Bien qu'il parût très affaibli, nous nous sommes promis de nous revoir bientôt. Mais quelques jours plus tard, le 3 novembre 2005, il rendit son dernier souffle. La nouvelle me toucha de plein fouet. Paul était un peu mon alter ego. Dans le calendrier de l'Église catholique, nos saints patrons, les apôtres Pierre et Paul, sont fêtés le même jour, et il était également né en octobre, un jour avant moi.

Comme il l'avait souhaité, nous organisâmes son enterrement dans le cimetière de Schattdorf. Maman prit part à la cérémonie, l'air grave et digne. Paul fut le seul enfant qu'elle dut laisser partir de son vivant.

10
Quand je ne serai plus

Un nouveau jour est en train de se lever sur mon village natal. Le calendrier indique jeudi 8 mai 2008. Il est sept heures du matin quand le téléphone sonne chez Marietta. À l'autre bout du fil, une employée de la maison de retraite s'annonce. Elle lui dit que notre mère se sent très mal et la prie de venir au plus vite. Ma sœur se met tout de suite en route, mais elle ne parvient pas à écarter un mauvais pressentiment. Au fond d'elle-même elle sait ce qui nous attend : maman est en train de quitter ce monde.

Il y a trois ans et demi, notre mère s'était rendue à l'évidence. Le cœur lourd, elle avait compris qu'il serait mieux pour elle de quitter enfin l'appartement dans lequel elle vivait seule depuis plus de vingt ans et d'entrer dans une maison de retraite. Depuis le tournant du siècle, elle se sentait de plus en plus isolée et souffrait de cette solitude, même si elle se savait bien entourée et éprouvait toujours autant de plaisir à nous recevoir. Parfois, elle oubliait de se nourrir convenablement et les périodes dépressives devenaient de plus en plus lourdes à porter, surtout en novembre et en mars, quand la mélancolie s'emparait traditionnellement d'elle. Elle se rendait compte que sa mobilité baissait inexorablement, que son réseau d'amies se rétrécissait à vue d'œil, que les occasions de se retrouver pour jouer aux cartes devenaient plus rares et avaient fini par s'arrêter complètement faute de « combattantes ». Même la fidèle Josy n'osait plus s'aventurer hors de chez elle.

De plus, maman souffrait de nouveau terriblement du dos, ce qui lui rappelait insidieusement ses nombreuses grossesses et le travail de forçat qu'elle avait longtemps fait subir à son corps. Il y a quelques années, des médecins avaient cru la débarrasser de ce mal par une thérapie d'étirement des vertèbres, mais le soulagement avait été de courte durée. Mais c'est surtout ses hanches qui lui faisaient subir le martyr. Chaque année, ses articulations craquaient un peu plus quand elle se redressait et transformaient la station debout en un vrai supplice. Une opération aurait pu supprimer cette douleur et lui rendre sa mobilité, mais elle ne pouvait être envisagée en raison d'une maladie du cœur congénitale dont notre mère souffrait. Elle avait toujours refusé toute intervention chirurgicale parce qu'elle avait peur de ne plus se réveiller.

Mais un dimanche soir de juin 2004, cette décision faillit lui coûter la vie. Maman avait passé la journée en compagnie de Marietta et de son mari. Ils s'étaient rendus à Erstfeld pour assister à la messe, se recueillir au cimetière sur les tombes de proches et manger au restaurant, puis avaient fini l'après-midi chez elle autour d'une tasse de café. À peine les visiteurs partis, elle se sentit défaillir. Par un réflexe miraculeux, elle parvint à appeler le premier numéro mobile qui lui tomba sous la main, celui d'un petit-fils qui réalisa immédiatement que sa grand-mère était en grand danger. Il alerta Marietta qui se hâta de retourner chez sa mère qu'elle trouva gisant par terre, inconsciente et cherchant péniblement à retrouver son souffle. À cause de son insuffisance cardiaque, de grandes quantités d'eau s'étaient accumulées dans ses poumons, les empêchant de fonctionner normalement.

Mais la Grande Faucheuse n'avait pas encore décidé de s'emparer d'elle. Les secours arrivèrent instantanément, maman fut couchée sur un brancard, l'ambulance fonça à toute allure, gyrophares allumés, à Altdorf où elle fut confiée au service des soins intensifs de l'hôpital cantonal. Pendant quelques heures, le personnel lutta pour sa survie. Finalement, il réussit à la sortir du coma.

Notre mère sera obligée de rester plusieurs semaines à l'hôpital, visiblement ébranlée par ce qui lui arrivait et peinant à retrouver son énergie vitale. Quand elle fut suffisamment rétablie, sa seule envie fut de retourner chez elle. Elle refusa de passer quelque temps dans un établissement de convalescence. D'un commun accord, nous décidâmes alors d'exaucer son souhait et de la veiller à tour de rôle chez elle. Puisant dans une volonté de fer, elle réussit à revenir à un train de vie normal. Cependant, elle avait compris qu'elle ne pourrait plus continuer à vivre seule. Elle s'inclina donc bon gré mal gré devant l'inévitable, consentit à envoyer sa candidature aux trois résidences pour seniors les plus proches et accepta la première place qui se libérait.

À la mi-février 2005, nous l'avons aidée à organiser son déménagement dans le home pour personnes âgées de Schattdorf situé en haut du village, près de l'église. Nous avons décoré sa chambre avec ses photos de famille préférées, l'avons assurée qu'elle serait bien entourée et lui avons promis de la visiter souvent. Quelques jours plus tard, elle avait pleinement accepté ce changement. Elle avait retrouvé des couleurs et ne mentionnera plus jamais son appartement, ne montrant aucun intérêt à y retourner, même pour une courte visite. Elle était visiblement contente et déclara à qui voulait l'entendre qu'elle se sentait comme à l'hôtel. Elle savourait l'emploi du temps réglé comme une horloge, la nourriture, la prise en charge vingt-quatre heures sur vingt-quatre, les jeux de cartes quotidiens avec de nouvelles connaissances, la possibilité de donner des coups de main au cuisinier pour préparer les repas, les sessions de gymnastique et de chant, les joyeux jours de carnaval, la proximité de l'église et la vue sur le lac des Quatre-Cantons.

    Sa plus grande joie était de percevoir tous les jours au loin, de l'autre côté de la vallée, son « Oberwiler » bien-aimé. Lorsque deux ans plus tard les pensionnaires furent obligés de déménager dans la maison de retraite flambant neuve qui venait de s'ouvrir dans le voisinage immédiat de notre ancienne ferme, elle le prit avec philosophie, d'autant plus qu'on lui attribua une chambre d'où elle pouvait continuer à jouir d'une belle vue sur l' « Oberwiler ». C'est ici qu'elle passa la dernière année de sa vie jusqu'à ce jour fatal du 8 mai 2008. Le 2 novembre 2007, nous nous étions tous réunis dans un restaurant pour célébrer ses quatre-vingt-neuf ans. Pendant le repas, nous la voyions parfois absorbée dans ses pensées et elle fit mine de ne pas entendre nos allusions au prochain anniversaire, le quatre-vingt-dixième, que nous nous réjouissions déjà pouvoir fêter avec elle. Sans doute se préparait-elle à son départ que nous imaginions avec plus de difficulté.

Au cours du mois d'avril 2008, les forces de notre mère commencèrent à décliner subitement. Elle eut besoin de doses de plus en plus fortes de médicaments contre les douleurs. Elle avait de la peine à se lever en raison de ses hanches endolories qui produisaient un craquement sinistre quand elle tentait de se redresser. Toutefois, elle ne laissa échapper aucune plainte. À la fin du mois, elle s'aventura une dernière fois dans la salle à manger du home pour partager le repas avec le dernier de ses frères resté en vie et sa fille aînée. Ensuite, elle ne quitta plus sa chambre et se fit apporter ses repas au lit. D'entente avec le médecin et le personnel soignant, nous décidâmes avec elle de ne lui prodiguer que des soins palliatifs.

Ses derniers jours, ses enfants lui rendirent visite à tour de rôle et passèrent un moment avec elle. Je venais de rentrer d'un séjour à l'étranger quand je reçus un coup de fil de Marietta m'avertissant que maman passait ses journées au lit et avait l'air très fatiguée. Elle me conseilla de ne pas tarder à venir moi aussi. Line et moi prîmes la décision de nous rendre immédiatement à Schattdorf. Maman paraissait effectivement épuisée. Mais notre visite lui fit visiblement plaisir et elle se laissa volontiers entraîner dans un échange paisible et détendu lors duquel nous avons passé une fois encore en revue tous les souvenirs qu'elle avait partagés avec moi lors des visites précédentes.

Au moment de prendre congé, je lui dis qu'elle avait toujours été une très bonne maman pour moi et que dans ma mémoire, la même chose valait pour papa, notamment parce que le dimanche il avait souvent préparé le repas de midi à sa place. Ne pensait-elle pas que tout compte fait elle avait eu un mari moderne ? Je vis alors un sourire passer sur son visage. Elle avait l'air satisfaite, comme si elle avait définitivement pardonné à son époux de n'avoir pas toujours été le mari qu'elle aurait souhaité qu'il soit. Je ne devais plus jamais avoir l'occasion de parler avec elle. Quelques jours plus tard, elle demanda à voir un prêtre pour se confesser et recevoir la communion. Elle lui confia qu'elle avait eu une vie bien remplie pour laquelle elle remerciait Dieu et sa famille. Le jour d'après elle reçut le dernier enfant qu'elle n'avait pas encore vu : Martin rentrait d'un pèlerinage à Lourdes, ce qui l'avait empêché de passer plus tôt.

À présent, notre mère était prête, elle sentait qu'elle pouvait s'en aller. Lorsque Marietta entra dans sa chambre, elle n'était déjà plus lucide. Deux employées s'affairaient autour d'elle pour tenter de soulager sa détresse respiratoire. Marietta prit sa main et lui répéta sans cesse que tout irait bien. Une demi-heure plus tard, maman rendit son dernier soupir.

Marietta fut touchée par l'attitude des soignantes qui continuèrent à parler avec la défunte comme si elle était toujours en vie, tout en commençant la toilette mortuaire. Plus tard elle apprit qu'elles lui avaient même mis des chaussures et s'en étonna. On lui expliqua que c'était la coutume. La dépouille fut déposée dans un cercueil puis acheminée vers la chapelle mortuaire à côté de l'église qui avait autrefois servi de dépotoir pour les ossements restés intacts dans les tombes. Il n'était déjà plus permis de garder les morts à la maison et de dresser une chapelle ardente dans le salon familial, comme nous l'avions fait pour notre père. L'interdiction se justifiait par des raisons d'hygiène publique. Mais sans doute aussi parce que les vivants le veulent maintenant ainsi, car la mort cadre mal avec une société dans laquelle les humains semblent plus que jamais désireux de tout mettre en œuvre pour vivre le plus longtemps possible.

Le jour après le décès, je pris le premier train pour me rendre à Uri. Arrivé à Schattdorf, je décidai de monter d'abord à la chapelle mortuaire pour me recueillir devant la dépouille de ma mère. Un doux soleil de printemps brillait. Pourtant, un frisson me parcourut quand je m'approchai du cercueil. Je dus d'abord m'orienter parce qu'il y en avait deux côte-à-côte. Ils étaient fermés, mais une petite fenêtre permettait de discerner le visage de la personne qui reposait dessous. Je ressentis un choc quand j'aperçus ma mère. Elle me paraissait de nouveau avoir un air sévère, presque souffrant. Mais cette impression était sans doute un effet de ma tristesse et de l'atmosphère froide que dégageait la chapelle.

Quand je rentrais d'un voyage à l'étranger, j'avais l'habitude de téléphoner à ma mère pour la rassurer et lui dire que tout s'était bien passé. En un éclair je compris que dorénavant je ne pourrais plus accomplir ce rituel. Malgré cela, je vais encore longtemps être tenté de le faire, avant de comprendre au dernier moment que le geste était désormais sans objet. Le sentiment de grand vide qui alors ne manquait jamais de monter en moi me fit éprouver profondément que dans ce monde rien n'est plus définitif que la mort.

L'enterrement eut lieu plus d'une semaine après le décès. Maman avait souhaité être incinérée et reposer dans une tombe individuelle. Une fois de plus, c'est une foule nombreuse qui se rassembla pour accompagner la défunte à sa dernière demeure.
Mais la cérémonie organisée en son honneur n'avait plus grand-chose en commun avec l'enterrement de notre père. Presque plus personne, même parmi les proches, n'était habillé en noir ou portait des insignes de deuil. Au lieu d'un cercueil, c'est une simple urne qui fut posée à côté de la tombe. Juste derrière celle-ci reposait Josy, décédée quelques mois auparavant. Pendant l'office religieux, enfants, petits-enfants et arrière-petits-enfants prirent la parole pour prendre congé de notre mère, jouer un morceau de musique, la remercier pour tout ce qu'elle avait fait pour nous ou simplement lui dire qu'elle restera à jamais dans notre cœur comme notre mère, grand-mère ou arrière-grand-mère bien-aimée. Pendant le repas qui suivit la cérémonie il régnait une ambiance calme et détendue qui correspondait parfaitement avec le sentiment partagé par tous que notre mère avait malgré tout eu une longue et belle vie, bien remplie, et qu'elle méritait notre gratitude. Sa tombe sera décorée d'une pierre et d'une croix en fer forgée par un artisan de la région, avec sa photo et ses années de naissance et

de décès apposées dessus.

Juste après son soixante-dixième anniversaire que nous avions fêté ensemble dans sa commune d'origine, notre mère avait envoyé à chacun et chacune de ses fils et filles une lettre manuscrite. Avec son écriture pointue caractéristique qui portait encore les traces de l'ancienne écriture allemande cursive qu'elle avait apprise à l'école, elle nous remerciait pour la belle fête, exprimait sa reconnaissance à son défunt époux pour tout ce qu'il avait fait pour la famille, nous demandait pardon pour les erreurs qu'elle avait commises dans notre éducation et nous souhaitait de faire mieux avec nos propres enfants. Elle terminait la lettre avec la phrase : « Quand un jour je ne serai plus parmi vous, je vous demande de rester solidaires et de tout partager honnêtement ».

C'est effectivement ce que nous nous sommes efforcés de faire, en prenant tout le temps qu'il fallait pour régler le partage successoral comme notre mère l'avait souhaité. Il fallait notamment vider son ancien appartement que nous avions laissé inoccupé pendant son séjour à la maison de retraite en prévision du cas – improbable – où elle aurait exprimé le désir d'y retourner vivre. Nous avons épluché soigneusement sa vaste collection de photos pour choisir ensemble celles que nous voulions utiliser pour un album de famille. Cependant, le problème le plus épineux à résoudre fut le sort réservé à la maison que nos parents avaient construite en 1962. Finalement, nous décidâmes de la mettre en vente. Une fois l'acheteur trouvé, l'hoirie n'avait plus de raison d'être. Elle fut donc dissoute le jour de la Toussaint 2009. Lors de la réunion, tout le monde était conscient de la solennité du moment. Toutes les démarches avaient été effectuées sans aide professionnelle extérieure, sans provoquer de conflits. L'héritage fut partagé en parts égales, à part une petite somme que nous avons gardée en prévision de réunions familiales à venir.

Car la vie continue. Contrairement à ce qu'on aurait pu penser, les liens entre frères et sœurs ne se relâchèrent pas après la dissolution de l'hoirie. Au contraire, ils sont devenus plus étroits, et me semble-t-il aussi plus chaleureux. Il y a plusieurs raisons qui expliquent ce rapprochement. La plupart d'entre nous avons atteint un âge avancé. Comme retraités, nous disposons de plus de temps pour nous rencontrer et entreprendre des choses ensemble. C'est en tout cas ce que font mes cinq sœurs qui organisent régulièrement, depuis plusieurs années, des sorties et vacances communes en Suisse ou à l'étranger. Le processus de vieillissement implique aussi que de plus en plus de frères et sœurs vivent de nouveau seuls. Leurs enfants sont partis et ont fondé leur propre foyer. Certains membres de la fratrie ont divorcé ou sont devenus veufs. En outre, il arrive maintenant fréquemment que l'un ou l'autre doive subir un traitement médical important. Tout cela crée des opportunités pour resserrer les rangs, se rencontrer plus souvent et se soutenir mutuellement.

Peut-être n'en avons-nous pas toujours été conscients, mais maintenant, sur le tard, la certitude grandit en nous que faire partie d'une famille nombreuse peut être une puissante source de réconfort. Par ailleurs, la confrontation avec la mort devient également plus naturelle. De toute évidence, elle frappe au hasard sans se soucier de l'âge. Depuis le départ de ma mère, j'ai déjà perdu un beau-frère, une nièce et une belle-sœur, tous plus jeunes que moi. Faire montre de présence et apporter son soutien aux personnes frappées par le deuil n'est plus vécu comme une obligation mais procède d'un élan naturel.

Quoiqu'il en soit, les fêtes de famille ont également gagné en nombre et intensité. Les occasions pour se retrouver ne manquent toujours pas, d'autant plus que les anniversaires que nous célébrons sont de plus en plus « sérieux ». Frères et sœurs, beaux-frères et belles-sœurs, neveux et nièces, filleuls et filleules, amis et connaissances, tout le monde y participe. Et puis la rencontre à Schattdorf le Jour des Morts, qui est également le jour de l'anniversaire de notre mère, est devenue une date fixe dans le calendrier familial. C'est l'occasion d'assister à la messe commémorative pour nos parents et de se recueillir au cimetière sur les tombes des personnes qui nous ont précédés dans l'au-delà.

Me voilà arrivé à la fin de la biographie de ma famille. Bien sûr, elle n'est pas terminée puisque dix membres de la fratrie sont toujours en vie. Néanmoins je sens un besoin pressant de clore mon récit avec une dernière pensée : si l'occasion m'était donnée de venir une nouvelle fois au monde, je crois bien que je choisirais la même famille !

11

Méditations d'un pendulaire

> *On ne peut comprendre la vie qu'en regardant en arrière. Mais pour la vivre, il faut regarder en avant.*
>
> Pythagoras

Comme souvent par le passé, je suis assis dans le train pour me rendre à Uri. Devant moi, le paysage défile. Avec ses tours d'habitation, villas et bâtiments industriels, il a une allure urbaine. La plupart des constructions semblent neuves. Tout est rangé, nickel, même les fermes n'ont, quelque part, plus rien de paysan. Des pâturages d'un vert pétant et monotone, délimités à angle droit, des champs qui ne cachent pas l'utilisation de produits chimiques et le travail mécanique: une vraie campagne propre en ordre ! Dans mon esprit, je la compare aux prairies de mon enfance qui ont ébloui mes yeux et mes sens tant elles étaient colorées, fleuries et d'une grande variété d'espèces. Je me replonge dans le livre que je suis occupé à lire, comme j'en ai l'habitude quand je voyage en train. Deux phrases me sautent aux yeux, elles collent bien avec mon travail de mémoire. La première est de la plume de Jean Paul, un écrivain allemand contemporain de Goethe : « Les souvenirs sont l'unique paradis dont nous ne pouvons être chassés ». L'auteur de la deuxième est le philosophe danois Sören Kierkegaard : « On ne peut comprendre la vie qu'en regardant en arrière, pour la vivre il faut aller de l'avant ». Pythagoras a dit la même chose.

Aller de l'avant, c'est aussi ce que fait le train dans lequel j'ai pris place. C'est une de ces compositions élégantes qu'on met en service pour le trafic pendulaire. Le soir approche, il n'y a plus guère de siège inoccupé. Je lève ma tête, observe les gens autour de moi : des adultes qui rentrent du travail ; des jeunes qui parcourent des manuels scolaires. Je m'étonne du nombre de personnes qui font à présent la navette entre lieu de travail et domicile. Un peu plus en avant, quelqu'un s'appuie sur un vélo de course dernier cri, un autre voyageur aux tempes grises feuillette l'écran tactile de son smartphone et une femme sollicite avec frénésie le clavier de son ordinateur tout en écoutant je ne sais quoi dans son oreillette. Quelque part j'entends un mobile sonner. Je peux suivre sans problèmes la conversation qui commence. Personne n'en prend note.

Quelle impression cette scène ferait-elle sur moi si j'étais assis à la même place mais souffrais d'un blanc total sur ce qui s'était passé entre mon enfance et ce jour? Tout-à-coup je me mets à méditer, une réflexion en amène une autre. Que le monde a changé depuis mon enfance ! Si quelqu'un m'avait prédit autrefois qu'il ressemblerait un jour à ce qu'il est actuellement, je lui aurais certainement signifié, geste à l'appui, que je le trouvais complètement dérangé. Et je n'ose imaginer la mine qu'auraient faite mes aïeux si un personnage particulièrement prophétique leur avait tenu le même discours. Probablement auraient-ils rapidement adressé une oraison jaculatoire au Saint Auxiliaire des malades mentaux.

Prenons pour exemple ma famille, puisque c'est d'elle que traite ce livre. Quand je l'observe, je dois constater qu'à présent presque plus rien n'est comme jadis. Les normes et habitudes qui régissaient dans le temps ma famille d'origine paraissaient immuables, faites pour l'éternité. Or, elles sont dépassées depuis longtemps. Qui se marie aujourd'hui si ce n'est que par « amour » ? C'est en tout cas ce que tout le monde proclame haut et fort, comme si tout le reste était sans importance, mais que signifie ce mot exactement ? On est de toute façon loin du temps où l'immense majorité des alliances durait jusqu'à la mort. Par contre, à l'heure actuelle il est beaucoup plus rare de trouver son partenaire dans l'entourage immédiat, comme ce fut la règle naguère. C'est même à des mariages inter-religieux ou intercontinentaux que nous avons assisté. Les mariages mixtes du point de vue confessionnel sont monnaie courante, je cherche en vain quiconque autour de moi trouverait ces unions inconvenantes.

Le changement le plus radical, cependant, concerne le comportement avant mariage. Quasiment plus personne n'est vierge au moment de la noce, même si elle est célébrée à l'église. Beaucoup de couples se contentent d'ailleurs de la mairie. Si l'interdiction du concubinage était toujours en vigueur, on ne compterait plus les plaintes pour infraction parce qu'une cohabitation « à l'essai » avant de prononcer le « oui » officiel est devenue pratiquement la règle. Beaucoup de couples renoncent même à l'acte de mariage. Tomber enceinte sans être mariée n'est plus une affaire de mœurs, et quand la jeune femme l'annonce à ses parents elle ne s'attend plus à ce qu'ils fondent en larmes en se lamentant sur la honte qu'elle fait tomber sur eux, mais plutôt qu'ils se réjouissent de devenir grands-parents. Et qui aurait pensé qu'il serait possible de célébrer en même temps le mariage et le baptême du premier enfant sans provoquer un scandale ?

En moyenne, chaque famille n'a plus qu'un ou deux enfants, mais elle est obligée de s'en occuper de manière beau-

coup plus intensive et personnalisée. La charge émotionnelle que « les chères petites têtes blondes » représentent est incomparablement plus conséquente qu'autrefois. La remarque vaut aussi pour le côté financier. Les enfants ont un coût réel dont il faut être conscient. La prise en charge, la formation, l'habillement, les loisirs, tout doit être assumé pendant de longues années. De plus, chaque enfant s'attend à pouvoir inviter ses copains et copines à son anniversaire, alors que la fête du saint patron est complètement ignorée. Certes, cela est aussi dû au fait que bien des prénoms ne figurent plus dans le calendrier des saints, mais proviennent d'autres origines, sans doute par désir de singulariser l'enfant.

Depuis que j'ai entamé mon voyage vers le passé familial, ce genre de réflexions me fascine. D'ailleurs, le temps pour rester plongé dans mes pensées ne manque pas. C'est que dorénavant je suis aussi un pendulaire. Combien de fois ne suis-je pas monté dans le train pour rallier Uri depuis mon lieu de résidence en Suisse Romande ? Au début, aux aurores, pour rentrer le soir même. Plus tard, je resterai plus longtemps pour mieux m'immerger dans l'univers mental et sensoriel dans lequel ma vie a débuté. Même s'il ne ressemble plus guère à ce qu'il fut autrefois. Je désirais revoir les endroits qui ont joué un rôle dans l'histoire de ma famille, laisser les pentes abruptes des montagnes qui surplombent la vallée agir sur moi, humer le génie des lieux. Tant de souvenirs remontaient alors en moi que je croyais avoir oubliés depuis longtemps. Les longs trajets en transports publics n'étaient pas du temps perdu, bien au contraire. Tout ce qui se passait autour de moi m'incitait à laisser divaguer mes pensées pour explorer des contrées insoupçonnées de mon subconscient, jusqu'à ce que finalement se cristallise en moi un narratif auquel j'adhérais pleinement.

Après coup, ces longs moments de pérégrinations s'avérèrent être les plus fructueux dans la genèse de ce livre.

Dans le premier chapitre j'ai parlé d'un voyage dans le passé et vers moi-même. C'était une expression imagée. Mais avec le recul, je constate que ce n'est pas resté une métaphore. Le voyage s'est effectivement fait, physiquement, encore et encore. De façon inconsciente d'abord, puis de plus en plus consciemment, il s'est transformé en voyage vers le présent. Le constant aller et retour entre le passé et le présent, entre ma famille actuelle et mon milieu natal m'a aidé à redécouvrir d'innombrables fils qui se sont tissés entre mes origines familiales et mon parcours de vie, fils qui constituent toujours la trame de la vie qui est la mienne aujourd'hui.

Comment par exemple aurais-je pu dresser le portrait de mon père sans réfléchir sur moi-même ? Aurais-je dû m'étonner des nombreuses similitudes que je découvris entre ma façon et la sienne d'exercer le rôle paternel, bien que je fusse fermement décidé à faire autrement ? Mais mes parents n'avaient-ils pas été mes premiers modèles ? Rien d'étonnant donc à ce qu'ils se soient profondément inscrits dans mes comportements. Naturellement, il y eut des aspects dans mon éducation contre lesquels je me rebellais ou qui ont laissé en moi un sentiment de manque. Eux aussi se sont infiltrés dans ma personnalité. L'exploration de mon passé familial me l'a rappelé avec force. Mais j'ai constaté que les mauvaises expériences perdent de leur emprise si on apprend à les accepter. Simultanément les souvenirs positifs gagnent en importance. Je me sens enraciné par l'assurance qu'ils me procurent et ils m'aident à m'envoler avec optimisme vers de nouvelles perspectives. Je suis en train de comprendre que tout peut se transformer en énergie vitale, même les blessures du passé. Je peux m'appuyer sur le fond qu'elles constituent pour me redresser. À la réflexion, je me réjouis même que tout ne se soit pas déroulé idéalement. Par exemple, que je n'ai pas eu des parents parfaits. Mon père et ma mère avaient certes des qualités extraordinaires, mais aussi des défauts et des travers qui m'interdisent de les idéaliser. Cela n'enlève rien à l'amour et au respect que je leur porte.

Dans le réflecteur de mon histoire familiale apparaît aussi en taille imposante la myriade des changements globaux dont ma génération a tout particulièrement profité.
    J'ai été le témoin de l'expansion du système de formation, de la revalorisation du statut de la femme et de la lente disparition de la société agraire qui a d'abord fait place à la société industrielle, puis à la domination du secteur tertiaire. Le début de ma vie a coïncidé avec les « trente glorieuses » (1946-1975), caractérisées par une croyance presque religieuse en un progrès infini. Beaucoup de nous pensions qu'il y avait une solution technique à tout, et que l'humanité pouvait enfin espérer dominer complètement la nature. Les indicateurs économiques étaient constamment à la hausse, et la société endura un profond changement des valeurs que nous ressentions, nous les jeunes, comme une libération. Des tabous innombrables ont disparu depuis, tabous que nos ancêtres avaient encore acceptés comme un dogme qu'il ne leur était pas permis de mettre en doute, bien qu'ils en eussent souffert parfois. S'y ajoute le fait que nous vivons maintenant une époque de mobilité quasiment sans limites. Actuellement, les hommes quittent en règle générale tôt ou tard l'endroit où ils sont nés pour aller vivre ailleurs. Ils voyagent beaucoup et les moyens de communication contribuent à réduire progressivement les distances spatio-temporelles et sociales. Notre univers mental est devenu beaucoup plus multiculturel, ce qui favorise la compréhension d'opinions et de manières de vivre différentes. Le climat poli-

tique est aussi moins monolithique.

Mais avant tout: l'humanité n'a-t-elle jamais connu époque où la productivité s'est accrue si massivement, de manière quasi-inconcevable et en si peu de temps ? Si les richesses accumulées étaient équitablement distribuées, plus personne dans ce monde ne serait dans le besoin bien qu'il n'y ait jamais eu autant d'êtres humains sur terre. La grande majorité des gens, en particulier en Suisse, jouit d'une abondance matérielle jusqu'alors inconnue. Comparé aux conditions de vie dans lesquelles ma famille a vécu autrefois, je jouis d'un confort inouï, vis dans un superflu incroyable. Comme beaucoup d'autres de ma génération, je gagne, possède et consomme dix fois, vingt fois ou cent fois plus, aiguillonné par une publicité omniprésente. Je trouve normal de manger en toute saison ce dont j'ai envie et passer mes vacances dans des pays de plus en plus lointains.

Je peux observer autour de moi à quel point le bien-être est mesuré à l'aune du porte-monnaie. La croissance est devenue l'indicateur principal de la bonne santé de l'économie. L'idée d'un progrès sans fin séduit, comme celle selon laquelle il est inhérent à la nature humaine de toujours courir après le maximum plutôt que de se satisfaire de l'optimum. Beaucoup de gens dans nos sociétés occidentales adhèrent à la thèse que tout arrêt signifie recul, s'accrochent avec force à la prospérité qu'il s'agirait de défendre à tout prix et refoulent avec angoisse toute pensée prémonitoire que la roue de la fortune pourrait un jour tourner dans le sens inverse. J'avoue que cette crainte me taraude aussi au vu de ce qui se trame actuellement. En effet, le climat social n'est-il pas en train de devenir plus rude, la globalisation, la désindustrialisation, la digitalisation et le changement climatique n'engendrent-ils pas de profonds sentiments d'insécurité et des peurs viscérales ? Ou la spirale de descente sociale se serait-elle déjà mise en marche ?

Comme la plupart de mes contemporains, j'étais insuffisamment préparé à ces changements. Qui aurait osé les prévoir ? C'est pourquoi nous nous voyions, sans doute plus que les générations précédentes, continuellement confrontés à de nouveaux défis, que nous ne pouvions pas résoudre en puisant dans notre propre expérience ou l'éducation que nous avions reçue. Bien plus souvent que je ne l'aurais voulu, j'étais forcé de procéder par la méthode des « essais et erreurs ». Il aurait été impensable d'éduquer mes enfants, qui ont grandi dans une société d'abondance hautement interconnectée, de la même façon que nos parents l'ont fait avec leurs onze fils et filles. Mes parents vivaient encore dans un monde relativement clos et devaient investir l'essentiel de leur énergie pour assurer notre survie. Mais à quoi devront un jour faire face mes propres enfants ? Dans quel monde vivront-ils ? Si celui-ci continue à changer au même rythme effréné avec lequel il se métamorphose à présent, nul doute qu'ils auront eux aussi à fournir des efforts d'adaptation extraordinaires auxquels ma femme et moi-même ne les avons qu'imparfaitement préparés.

J'espère qu'ils trouveront à ce moment-là au fond d'eux-mêmes des ressources à la hauteur des défis qu'ils auront à affronter. Pour ma part, dans toutes les vicissitudes de la vie, je me suis toujours senti puissamment porté par les avantages inestimables d'un destin bienveillant qu'une bonne étoile m'a donné en partage. J'ai pu grandir dans un « chez-moi » attentionné et à une époque de paix et de prospérité que beaucoup de générations passées nous auraient enviées. Ma famille était pauvre, certes, mais nous ne vivions pas dans la misère et ne dépendions pas de l'assistance publique. Je n'ai jamais souffert de privations graves, ni matérielles ni psychiques, parce que j'avais des parents qui sont allés au-delà du raisonnable pour nous procurer une existence digne, qui étaient plus prévoyants que la majorité de leurs contemporains en ce qui concerne les avantages d'une bonne formation et qui nous ont légué une philosophie de vie qui n'a rien perdu de sa valeur. Je pense souvent à eux quand je vois quelle importance est donnée de nos jours à la réussite individuelle. Certes, pour mon père et ma mère il était important de compter sur ses propres forces, mais sans le faire au détriment des autres. Pour eux, posséder des biens et avoir de l'argent n'étaient pas la mesure de toute chose, cela ne faisait sens, ne rendaient heureux que si cela servait à une bonne cause. La solidarité avec ses semblables, le respect de la nature, la modération dans l'utilisation des ressources, la préoccupation autant du bien-être spirituel que matériel, voilà quelques-unes des valeurs fondamentales qu'ils nous ont transmises. Cet héritage parental m'appartiendra pour toujours, même quand j'aurai cessé d'être un pendulaire qui « rentre à la maison » pour écrire la biographie de sa famille.

Remerciements

Ce récit suit la trame, sans en être une traduction, du livre intitulé *Wurzeln und Flügel, Geschichte meiner Urner Familie* que j'ai publié en 2017 chez Tredition, Hamburg. Ce livre doit énormément à mes frères et sœurs qui ont partagé avec moi les trésors de leurs souvenirs. L'expérience m'a beaucoup rapproché d'eux, comme elle nous a rapprochés de nos parents décédés, et a fortement contribué à resserrer nos liens. Pour la version française, je tiens à remercier tout particulièrement Aline Saurer-Loutan qui m'a vivement encouragé à me lancer ce défi, passionnée par mon histoire. Comme preuve de son intérêt et de son amitié, elle s'est attelée avec patience à la tâche ardue de corriger mes fautes grammaticales et de syntaxe et de polir mon texte qui trahissait souvent mes origines suisses allemandes. Mes remerciements chaleureux vont aussi à Françoise Lieberherr-Gardiol pour la relecture soigneuse de mon œuvre et ses conseils professionnels en matière d'écriture, ainsi qu'à ma fille Nirine qui a mis tout son cœur et son talent dans la réalisation de la couverture splendide et de la mise en page du livre.